A alma da liderança

DEEPAK CHOPRA

A alma da liderança

Desvendando seu potencial para a grandeza

Tradução de
Rosana Watson

Rocco

Título original
THE SOUL OF LEADERSHIP
Unlocking your Potential for Greatness

Copyright © 2010 *by* Deepak Chopra
Todos os direitos reservados.

Edição brasileira publicada mediante acordo com Harmony Books, um selo da Random House, uma divisão da Penguin Random House LLC

Direitos para a língua portuguesa reservados
com exclusividade para o Brasil à
EDITORA ROCCO LTDA.
Rua Evaristo da Veiga, 65 – 11º andar
Passeio Corporate – Torre 1
20031-040 – Rio de Janeiro – RJ
Tel.: (21) 3525-2000 – Fax: (21) 3525-2001
rocco@rocco.com.br
www.rocco.com.br

Printed in Brazil/Impresso no Brasil

preparação de originais
FÁTIMA FADEL

CIP-Brasil. Catalogação na publicação.
Sindicato Nacional dos Editores de Livros, RJ.

C476a   Chopra, Deepak, 1946-
　　　　　A alma da liderança: desvendando seu potencial para a grandeza/Deepak Chopra; tradução de Rosana Watson. – Rio de Janeiro: Rocco, 2011.

　　　　　Tradução de: The soul of leadership: unlocking your potential for greatness.
　　　　　ISBN 978-85-325-2680-9

　　　　　1. Liderança – Aspectos religiosos. I. Título.

11-3640
　　　　　　　　　　　　　　　　　　　　　CDD–206.1
　　　　　　　　　　　　　　　　　　　　　CDU–2:316.46

O texto deste livro obedece às normas do
Acordo Ortográfico da Língua Portuguesa.

SUMÁRIO

Introdução 7

PARTE UM:
L-E-A-D-E-R-S (LÍDERES)

1. L = Lembre-se de observar e ouvir 19
2. E = Estreitando vínculos emocionais 36
3. A = Ampliando a consciência 53
4. D = Determinando-se a fazer 74
5. E = *Empowerment* ou fortalecimento do poder 93
6. R – Responsabilidade 116
7. S = Sincronicidade 139

PARTE DOIS:
DOIS QUE LIDERAM COM A ALMA

8. Jeremy Moon, fundador e CEO da Icebreaker 159
9. Renata M. Black, diretora e fundadora da Fundação Seven Bar ... 172

PARTE TRÊS:
OS DEZ PRINCÍPIOS DA LIDERANÇA

10. Um modelo para a consciência 185

Agradecimentos 190

INTRODUÇÃO

Tornar-se um líder é a escolha mais crucial que alguém pode fazer – é a decisão de sair da escuridão em direção à luz.

Jamais tivemos tanta necessidade de uma liderança iluminada como estamos tendo agora. Com certeza esse refrão já foi ouvido através dos tempos, mas, na segunda década do século XXI, a humanidade representa uma ameaça terrível à sua própria existência enquanto cegamente criamos buracos enormes na trama vital do nosso meio ambiente. Não podemos mais recorrer aos governos, independentemente das boas intenções que eles possam ter, ou a ninguém além de nós mesmos para dar as respostas aos enormes problemas dos nossos tempos. E ainda que recorrendo a nós mesmos, temos de ir além do constante clamor do ego, ir além das ferramentas da lógica e da razão, para o lugar calmo e silencioso dentro de nós: o reino da alma.

Aqui podemos começar a fazer as perguntas básicas que dão sentido à vida. Quem sou eu? Por que estou aqui? Como posso sintonizar com os anseios suaves da alma para preencher o objetivo da minha vida e fazer a diferença? Ao responder a essas questões da melhor maneira possível, cada um de nós deve se colocar no papel de líder, assumindo a responsabilidade, primeiramente, por conduzir nossas próprias vidas e por interagir com outras pessoas – no trabalho, em casa, e em todos os lugares em que estivermos entre um e outro. Enquanto continuamos a recorrer à alma para nos dar direção, descobriremos, enfim, que outras pessoas recorrerão a nós para orientação, atraídas por nossa capacidade de tratá-las com dignidade e de responder com habilidade às suas necessidades, baseando-nos em um lugar mais elevado.

Meu objetivo com este livro é proporcionar a todos habilidades e insights para ser um líder – não um líder qualquer, mas um líder inspirado. Em um nível mais profundo, o líder é a alma simbólica do grupo. Seu papel é preencher as necessidades dos outros e, quando cada necessidade for satisfeita, levar o grupo a atingir sempre necessidades mais elevadas, aumentando o potencial do grupo a cada passo. A base do poder inspirador do líder não vem das outras pessoas, mas do seu próprio ser, e o caminho trilhado é guiado por sua própria alma. As características inconfundíveis da alma são: criatividade, inteligência, poder organizador e amor.

Todas as pessoas que têm alma, o que no meu entendimento inclui todos nós, têm o potencial para ser um líder inspirado. Quando você faz a mudança para o lado de dentro para inspirar-se na sabedoria ilimitada da alma, você se torna um líder sem a necessidade de procurar por seguidores. Quando você coloca sua visão de um mundo melhor de uma forma mais tangível, eles o encontrarão. Acalento grandes esperanças de que, depois de ler estas páginas, incontáveis leitores possam descobrir sua grandeza e a coloquem em prática. Desses líderes, inúmeros poderão se tornar figuras públicas e muitos mais terão um papel de liderança no trabalho, em casa e na comunidade. Onde quer que você o faça, não há dúvidas na minha opinião de que liderar com a alma é uma exigência do nosso tempo.

Como você verá nas páginas a seguir, a liderança da qual estou falando neste livro não é a liderança como tradicionalmente a definimos. Segundo a velha definição, liderança é para poucos. Em um grupo, a pessoa escolhida para liderar deve destacar-se como a mais popular, a mais confiante ou a mais implacável. De acordo com esses padrões, nem todos podem liderar. Quando os fortes e implacáveis sobem ao palco do mundo, nós nos vemos liderados por

A alma da liderança

reis e generais, autocratas e ditadores, primeiros-ministros e presidentes com fome de poder. A história trafega na confecção de mitos, que é baseada no carisma pessoal, e faz uso da retórica para evocar uma aura de destino. Esses padrões de liderança são falhos. Nenhuma das qualidades mencionadas aqui indica que um líder irá, verdadeiramente, melhorar a vida daqueles que o seguem. Há boas chances de que uma liderança assim traga infelicidade, conflitos e opressão. As velhas definições de liderança exaltam o poder, e o uso do poder têm sido sempre diretamente relacionado ao seu abuso. Tendo em vista que os líderes têm se revelado completamente imprevisíveis, e que pouquíssimos grandes líderes surgiram daqueles que tomaram o poder, somos levados a crer que talvez haja uma mão invisível em ação selecionando que líder será bom. Mas isso também é retórica. O critério para se ter um líder inspirado não precisa estar à sombra do mistério. Na verdade é muito simples: os grandes líderes são aqueles que conseguem responder por suas próprias necessidades e as necessidades dos outros, a partir de níveis mais altos de moral com visão, criatividade e um senso de comunhão com as pessoas que lideram.

Você pode ser um líder assim. O caminho está aberto. A única condição é ouvir seu guia interior. Uma vez que você adentrar por esse caminho, estará na rota de tornar-se o que eu chamo de *visionário bem-sucedido*. O visionário bem-sucedido faz sua visão se manifestar no mundo. Sementes invisíveis plantadas no silêncio da sua mais profunda consciência tornam-se realidades tangíveis e visíveis. Conforme essa realidade se manifesta, você administrará seu crescimento com paixão e energia. Sua finalidade ficará aparente a todos. Os resultados que você colherá beneficiarão a todos – você, o grupo que você lidera e o mundo como um todo. Em um planeta desafiado por todos os lados com a deterioração ecológica, tudo o que você atingir deve ser sustentável, o que significa ser apoiado pela consciência. Isso é uma parte essencial de qualquer visão do futuro que se inspire na alma.

Quando falo em alma, não me refiro a ela como é definida por qualquer religião em particular, embora todas as importantes tradições espirituais reconheçam sua existência. Eu acredito que a alma seja uma expressão de um campo universal essencial da consciência. Sua consciência particular, ou alma, é como uma onda nesse mar infinito, única por um breve momento no tempo antes de retornar à entidade maior da qual emergiu. No nível da alma você está perfeitamente conectado com tudo no universo, com o domínio silencioso do qual toda matéria e energia brotam.

Nesse contexto não é de surpreender que a alma tenha qualidades que sejam essenciais à criação: criatividade, inteligência, poder organizador e amor. Se você acha esse conceito difícil de aceitar, talvez concorde comigo que a velha maneira de se viver neste planeta está atingindo seus limites e que chegou a hora de tentar algo novo. Se você acha que ao recorrer à alma para liderar como descrevo neste livro, será capaz de aumentar sua criatividade, inteligência, poder organizador e amor na sua vida e no seu mundo em geral, caberá a você dar o crédito à alma ou não. Isso não fará diferença, e aqueles que compartilham o mundo com você ficarão gratos, independentemente dos termos que você use para descrever sua nova forma de ser.

UM MAPA PARA A ESTRADA À FRENTE

Liderança é uma jornada evolutiva. As voltas e reviravoltas diante de você são imprevisíveis. Mas você pode contar com a ajuda de um mapa. O texto a seguir divide o mapa em três partes.

Em primeiro lugar dispus a essência do que significa liderar com a alma em um acrônimo conveniente, L-E-A-D-E-R-S (LÍDERES), com cada letra resumindo um aspecto-chave da definição da sua visão, levando sua visão para um resultado.

L = Lembre-se de observar e ouvir. Faça-o com os seus sentidos, como um observador imparcial que não julgou nada antecipadamente. Faça-o com o coração, obedecendo aos seus sentimentos mais verdadeiros. E finalmente, faça-o com a alma, respondendo à visão e à intenção profunda que esse ato proporcionará.

E = Estreitando vínculos emocionais. Liderar com a alma significa ir além do melodrama de viver no modo crise. Requer reconhecimento e limpeza de emoções tóxicas para que você possa compreender claramente suas necessidades específicas e as necessidades alheias.

A = Ampliando a consciência. Isso significa estar consciente das perguntas que são a base de todo desafio: Quem sou eu? O que eu quero? O que a situação exige? Um líder deve continuamente fazer essas perguntas sobre si mesmo e inspirar sua equipe a fazer as mesmas perguntas sobre ela mesma.

D = Determinando-se a fazer. Um líder deve ser orientado para a ação. O que quer que ele faça deve servir como exemplo, assumindo a responsabilidade pelas promessas que fez. Isso requer persistência e tenacidade, mas também a capacidade de enxergar a situação com flexibilidade e humor.

E = Empowerment (fortalecimento do poder). O poder da alma vem do autoconhecimento, que é receptivo ao *feedback* e independe da boa ou má opinião dos outros. *Empowerment* não quer dizer egoísmo. Ele eleva a condição do líder e da equipe ao mesmo tempo.

R = Responsabilidade. Liderança com responsabilidade inclui escolher riscos calculados em vez de riscos imprudentes, agir de acordo com o que diz, ter integridade e pôr em prática seus valores internos. Segundo o ponto de vista da alma, a maior responsabilidade de um líder é guiar o grupo pelo caminho de uma consciência maior.

S = Sincronicidade. Este é um elemento misterioso do campo da consciência universal que todos os grandes líderes canalizam. A sincronicidade é a capacidade de criar boa sorte e encontrar uma ajuda invisível que leva a pessoa além dos resultados previstos e a um plano maior. Em termos espirituais, a sincronicidade é a capacidade máxima de conectar qualquer necessidade com uma resposta da alma.

O mapa da liderança atinge um enfoque mais específico na segunda parte deste livro, por meio de histórias de pessoas comuns que se tornaram visionárias bem-sucedidas. Acompanharemos aqui duas dessas pessoas – Jeremy Moon e Renata M. Black – que começaram sem recursos materiais e chegaram à liderança de projetos multimilionários que fazem a diferença no mundo. Em ambos os casos a visão que deu início às suas jornadas foi abastecida com muita paixão e um objetivo. Isso é comum em histórias de sucesso, mas aqui também observamos valores mais profundos, extraídos do reino da alma.

Como veremos, os caminhos de Jeremy e Renata seguiram os passos descritos no acrônimo L-E-A-D-E-R-S. Tudo, de observar e ouvir até a sincronicidade, teve um papel crucial. Além de ser inspiradora, esta parte do livro lhe dará mais confiança de que liderar com a alma é uma escolha viável na luta de foice do mundo real. Na verdade, ao escolher a liderança visionária como um caminho para o sucesso, o mundo real torna-se um lugar maravilhoso para ambos os líderes, um lugar onde o sucesso material deu lugar à descoberta pessoal.

A terceira parte do livro é um breve resumo do que você terá aprendido. Espero que ele esteja expresso de forma a facilitar que você reconheça os pontos de referência da liderança nobre à medida que comecem a ficar conhecidos na sua vida.

A alma da liderança

POR QUE A ALMA?

Como os líderes surgem de vidas comuns? Todo grupo naturalmente faz surgir líderes que o guia para um objetivo compartilhado. Alguns líderes falham, enquanto outros são bem-sucedidos. Alguns são destruídos por uma estratégia errada ou pelo estresse opressor do seu papel. E quando a crise chega, fazendo-nos gritar por grandes líderes, há a ameaça constante de que tal representante não apareça, deixando o abominável "vácuo da liderança", que se tornou um problema crônico na nossa sociedade moderna.

Na realidade mais profunda da alma, uma família em crise, uma empresa sem visão ou uma nação lutando para adotar um novo estágio de liberdade precisam responder a desejos e necessidades espirituais velados. Uma vez que isso seja entendido, inúmeros líderes podem surgir com os mais altos níveis de grandeza. A liderança inspirada tem base no ser, no qual não há necessidade de adotar uma estratégia para subir ao topo. Assim que você desenvolve seu potencial de grandeza, desenvolve o mesmo potencial nos outros. Eles naturalmente irão recorrer a você para orientação e liderança dali para a frente, e um dia eles mesmos serão capazes de proporcionar a liderança iluminada a outros.

Nossas almas proporcionam a mais alta inspiração a cada momento. Com nossas mentes podemos ver o caos, mas a alma sabe que há uma ordem fundamental e vai à procura dela. Até recorrermos à calma sabedoria da alma, continuaremos a recair em velhos hábitos e respostas ultrapassadas para novos desafios. Continuaremos a mirar em lutas sem propósito e confusão. Porém, quando formos capazes de compreender os caminhos da alma e nos inspirarmos neles, alguém surgirá para atravessar o nevoeiro. Mahatma Gandhi, Madre Teresa e Nelson Mandela empreenderam suas jornadas com base na consciência da alma (entretanto, ainda os cobrimos com o status mítico). Eles usaram essa consciência para se conectarem a uma fonte de sabedoria que continua permanente através da história e está disponível a todos nós.

Em qualquer grupo, os membros agem de acordo com dois temas básicos na vida – necessidade e resposta. Se pudéssemos nos ver com clareza, cada um de nós perceberia todos os dias que:

- Há algo de que precisamos, variando da necessidade por comida e abrigo até as necessidades mais elevadas por autoestima, amor e sentido espiritual.

- Há algumas respostas que preencherão essa necessidade, variando de esforço e competição até descoberta criativa e inspiração divina.

Esses dois temas dominam nossas vidas interior e exterior. Elas se sobrepõem a todas as outras forças, e da maneira que a alma opera, eles não acontecem ao acaso. Necessidades e respostas são organizadas em uma ordem natural. Necessidades e respostas de níveis mais baixos são seguidas pelas de níveis mais altos. (Como o escritor alemão Bertolt Brecht declarou: "Não me fale da alma até ter enchido meu estômago.") Essa escala crescente é conhecida como *a hierarquia das necessidades*. Como líder, se você está consciente dessa hierarquia das necessidades e suas respostas, será capaz de continuar a responder com eficácia assim que a necessidade do grupo suba a escala do nível mais básico, crescendo ao espiritual. Isso é a coisa mais poderosa que um líder pode fazer.

Por exemplo, os movimentos sociais extremos (fascismo, fundamentalismo religioso, nacionalismo étnico etc.) exploram o medo, a resposta mais primitiva de um grupo, que está associada à sua necessidade mais primitiva: a sobrevivência. Pressões externas como a depressão econômica, a migração social e as forças competitivas também disparam essa necessidade. Vaclav Havel foi um poeta tcheco que se tornou presidente da nova república depois da queda do comunismo porque soube preencher a necessidade básica de seu país por segurança, e seguiu endereçando necessidades maiores de união e autoestima que haviam sido anuladas por décadas. O dr. Martin Luther King, Jr., ofereceu a uma minoria oprimida a opor-

A alma da liderança

tunidade de ir além da necessidade de sobrevivência para atingir necessidades maiores de senso de dignidade e sentido espiritual. Ele ofereceu transformação. Buda e Cristo proporcionaram aos seus seguidores uma oportunidade para ir ao encontro de suas necessidades em um nível mais elevado, o desejo universal por unidade. Por meio do exemplo desses grandes líderes, vemos que liderar com a alma não é um mistério ou uma abstração. A liderança inspirada une respostas reais a necessidades reais. Essa é uma habilidade que pode ser aprendida. Você pode fazê-lo, assim como eu. Podemos ir ao encontro das necessidades de cada nível da vida exterior e interior de um grupo, adaptando a mesma consciência a uma família ou comunidade, assim como a uma corporação. Na realidade mais profunda da alma, líderes e seguidores são cocriadores um do outro. Eles formam um vínculo espiritual invisível. Os líderes existem para personificar os valores que os seguidores tanto anseiam enquanto os seguidores abastecem a visão do líder a partir do seu interior.

OS PRINCÍPIOS BÁSICOS

A jornada que um líder escolhe é a de expandir a consciência. A alma por si só possui completa consciência; ela percebe cada aspecto de uma situação. Sua perspectiva está disponível a você, mas comumente você não a acessa por conta de seus obstáculos internos. Nós vemos aquilo que queremos ver — ou o que nossas predisposições e limitações nos encorajam a ver. Na nossa jornada para a liderança inspirada você aprenderá como remover esses obstáculos. Quando o fizer, o que certa vez foi difícil acontecerá sem esforço enquanto sua alma libera o caminho para você. Sua visão ficará mais clara, e o caminho à frente também, fazendo até mesmo parecer que o universo está conspirando para lhe proporcionar a criatividade, inteligência, poder organizador e amor que estão no coração da liderança visionária.

PARTE UM
L-E-A-D-E-R-S
(LÍDERES)

1
L = LEMBRE-SE DE OBSERVAR E OUVIR

Grandes líderes têm uma visão e a capacidade de manifestá-la. Definir sua própria visão começa por observar e ouvir. Você observa e ouve a situação ao seu redor, mas também observa e ouve no interior. Isso envolve quatro passos:

Observação imparcial – observe e ouça com os seus sentidos.

Análise – observe e ouça com a sua mente.

Sentimento – observe e ouça com o seu coração.

Incubação – observe e ouça com a sua alma.

Uma vez terminados os quatro passos, sua visão pessoal pode começar a se expressar.

As melhores qualidades que você pode ter ao iniciar sua carreira são paixão, valores essenciais e dedicação a um objetivo. Esses são os elementos a partir dos quais uma visão é forjada. Quando você conversa com os líderes mais inspirados, o tipo que eu chamo de visionários bem-sucedidos, percebe que todos começaram com paixão e uma visão abrangente. Eles dedicaram-se a uma finalidade sentida de forma intensa. Tinham valores essenciais dos quais não estavam dispostos a abrir mão. Para encontrar a grandeza em si mesmo, esses elementos devem ser seu foco principal.

Com o passar dos anos, pesquisadores tentaram encontrar razões externas para o surgimento de líderes bem-sucedidos. Com base em pesquisas, pode parecer que nascer em meio à riqueza, ir às melhores escolas, associar-se a outras pessoas bem-sucedidas e ter pontuação alta em testes de QI poderiam garantir que uma pessoa se tornasse um líder. Porém, como todos sabemos, você pode começar do nada e ainda assim despontar como um grande líder, ou começar a vida com um número de vantagens e atingir pouco ou nada de valor. Vantagens externas dão a qualquer um certa vantagem, mas não são garantia de sucesso.

E se revertêssemos essa abordagem e olharmos para aquilo que todos possuímos? Todos sabem como observar e ouvir – essas são ferramentas básicas de percepção. Mas em um líder elas tornam-se algo mais. O líder é responsável por ter visão, que deve ser clara o suficiente para guiar os outros e inspirá-los. Ao articular sua visão, o líder deve ser capaz de manifestá-la. As melhores ideias nada mais são que sonhar acordado até que essas ideias sejam impulsionadas para a realidade. Se você quer ser um visionário bem-sucedido, é aí que sua jornada tem início com duas questões cruciais: Qual é a minha visão? Como posso fazê-la acontecer?

A alma da liderança

Nenhuma visão é criada a partir de um vácuo. Ela surge a partir de uma situação do momento. Essa situação pode ser uma crise ou um projeto de rotina, um problema de gerenciamento ou uma emergência financeira, qualquer coisa que requeira um líder que ofereça segurança, para acessar a situação observando e ouvindo no nível mais profundo possível. Isso diz respeito a pais e treinadores de esportes, mentores e conselheiros, gerentes e CEOS, principais executivos. A qualquer hora que você for solicitado a orientar, ensinar, comandar, motivar, inspirar, a oportunidade está batendo à porta.

Imagine três pessoas sentadas em um sofá aguardando na sala de espera de um escritório, todas vestidas com suas melhores roupas de trabalho. O escritório pertence a um investidor que concordou em dar a cada uma delas meia hora para apresentar uma proposta para iniciar uma empresa. O sucesso ou fracasso vai depender dessa reunião. Quem dentre os três surgirá como líder, aquele com as melhores chances de convencer o investidor?

O primeiro deles está tão nervoso que as palmas de suas mãos estão suadas. Ele tenta entabular uma conversa informal, mas percebe que está gaguejando, então prefere ficar em silêncio. Então fecha os olhos, recordando mais uma vez a fala que preparou. Ele dormiu pouco na noite anterior e passou horas revisando cada palavra da sua apresentação. Ele só tem uma coisa em mente: *É agora ou nunca. É fazer ou morrer.*

O segundo parece bem mais calmo. Ele está bastante confiante. Acredita na sua ideia e está certo de que seu novo negócio vai ser bem-sucedido, uma vez que consiga um financiador. Ele é alto, tem olhos perspicazes e está acostumado a ser respeitado. Em seus pensamentos, está imaginando se conseguirá convencer o investidor a sair com ele para uma partida de golfe ou para um jogo de basquetebol de rua. Sua melhor maneira de persuasão sempre foi a individual.

A terceira pessoa está mapeando a sala com franca curiosidade. Ela nota o suntuoso tapete oriental e as flores exuberantes na recepção, mas está mais interessada nos funcionários entrando e saindo da sala do investidor. Eles estão vestidos com jeans e saias, sem ternos. Parecem estar focados e decididos, mas sem estresse. Examinando a si própria, a terceira pessoa sente-se da mesma maneira. O que quer que aconteça, ela está aberta para o que vier. Assim que puser os olhos no investidor saberá com que tipo de personalidade estará lidando e responderá de acordo.

Dessas três pessoas, a primeira não está observando e ouvindo muito além de seus próprios sentimentos, que são tensos e isolados em si mesmos. O segundo homem está mais à vontade e começa a ver com o coração. Ele acessa as pessoas e as situações da maneira como elas sentem. A terceira pessoa vai um passo além, entretanto. Está inteiramente aberta para o que está ao seu redor, observando e ouvindo atentamente. Dos sinais que ela capta, começa a construir um enredo. Consegue imaginar-se na situação, e enquanto tudo se desenrola, ela irá se adaptar. Se por fim perceber que não se encaixa, não cometerá o erro de aceitar o dinheiro do investidor; se não houver compatibilidade, seguirá adiante e a encontrará em outro lugar.

Nessa situação hipotética podemos ver que o líder com o melhor potencial no momento é o que consegue observar e ouvir em nível mais profundo. A liderança requer uma base sólida dentro de si mesmo. Quando você consegue chegar ao ponto em que observar e ouvir vem de todo o seu ser, está preparando o terreno para ser um líder inspirado.

QUATRO NÍVEIS DE PERCEPÇÃO

Para ser verdadeiramente perspicaz, o observar e o ouvir devem acontecer em quatro níveis diferentes. Ver com nossos próprios olhos é apenas o começo. Quando vemos e ouvimos completamente, envolvemos o corpo, a mente, o coração e a alma.

Corpo: O estágio da observação e informação se unindo.
Mente: O estágio da análise e julgamento.
Coração: O estágio do sentimento.
Alma: O estágio da incubação.

Uma vez que você esteja satisfeito por ter passado por todos os estágios, sua visão a qualquer momento surgirá como a expressão verdadeira de quem você é, e estará edificada em profunda compreensão.

Observação: Comece por estar tão aberto e imparcial quanto possível. Observe o quanto puder e ouça a quem quer que tenha algo a dizer. Em certo sentido você funciona como uma câmera de vídeo. Permita que as visões e os sons cheguem livre e objetivamente.

Análise: Ao mesmo tempo, sua mente também está absorvendo a situação. Ela começa a avaliar e analisar. Permita que qualquer e toda ideia chegue à mente. Observe o que aparece e perceba fragmentos de respostas, novas interpretações e combinações desconhecidas. Mais uma vez, fique longe de julgamentos e ideias preconcebidas. Seja imparcial e lúcido.

Sentimento: No nível do coração, perceba o que parece ser certo. O sentimento é mais sutil e verdadeiro do que a análise pura. Este é o nível em que o insight repentino pode acontecer. Você está trazendo a intuição para a cena, permitindo que aconteça o momento "ah-ah" que acompanha o grande avanço da criatividade.

Incubação: Agora relaxe e aguarde. Quando uma visão está na fase de incubação, ela vai a um lugar fundo e invisível. Uma inteligência profunda e infinita nutre sua visão, adaptando-a às suas necessidades e às necessidades de todos ao seu redor. Você obtém acesso a algo maior do que você mesmo. Isso pode ser chamado de eu maior, consciência pura ou conexão com Deus. Se nenhuma dessas palavras faz sentido para você, pode pensar na alma como "quem eu sou verdadeiramente".

Um líder, portanto, surge de dentro de si próprio. Ele associa sua percepção interior com a situação exterior. Um índio de 24 anos de idade, chegando à África do Sul em 1893, percebeu que seria espancado caso se recusasse a viajar nos degraus de uma diligência para dar lugar a passageiros europeus brancos. Se ele insistisse em viajar no compartimento da primeira classe do trem, tendo em vista que ele tinha um bilhete de primeira classe, lhe diriam que seu lugar era na terceira classe, não importando o que estivesse escrito no seu bilhete. Se, ainda, esse índio de 24 anos fosse Mohandas Gandhi, ele avaliaria sua situação usando os quatro níveis de percepção. Com seus olhos, ele observou ao redor e percebeu a discriminação. Com seu coração, sentiu que a situação era intolerável. Com sua mente, analisou que uma nova tática – a desobediência civil – poderia mudar as coisas. Com seu ser, comprometeu-se consigo próprio a uma visão de liberdade, qualquer que fosse o preço a ser pago.

Os treinamentos atuais sobre liderança, na maioria dos lugares onde você procurar, usam a palavra *visão* livremente, mas com frequência seu princípio fundamental é intelectual. Líderes em potencial são ensinados a usar suas mentes para analisar várias situações hipotéticas. Deixando o sentimento, a intuição e a sabedoria profunda de lado, o treinamento não alcança seu potencial. Ninguém pode negar a verdade simples de que grandes líderes também possuem grandes almas. Diante do apartheid na África do Sul, da escravidão antes da Guerra Civil ou da dominação colonial na Índia, seus olhos viam as mesmas coisas que os demais. Suas mentes tinham os mesmos pensamentos de inúmeros outros ao seu redor. Em seus corações eles sentiam a mesma injustiça. Mas Nelson Mandela, Abraham Lincoln e Mahatma Gandhi foram mais fundo e perguntaram, do âmago de seu ser, como obter uma nova resposta, como transformar uma nova visão em realidade.

A alma da liderança

ENCONTRANDO SEU VERDADEIRO PROPÓSITO

Estar em contato com a alma é o segredo da grande liderança. Todos nós somos capazes de seguir o caminho que unifica corpo, mente e alma. Fazendo a conexão com a alma, seu verdadeiro propósito na vida se tornará a base de tudo o que você faz. Os líderes existem para dar de si mesmos, e você apenas pode dar aquilo que tem. A alma – ou seja, a essência do seu eu verdadeiro – é o lugar onde você irá localizar o insight, a criatividade, a imaginação e a inteligência profunda. Quando você sabe o que está acontecendo na sua própria essência, o que tem para dar torna-se ilimitado.

Neste capítulo você irá formular o propósito da sua vida em uma única frase, e uma vez que tiver certeza de que essa frase expressa a sua missão de maneira profunda e verdadeira, você a refinará em uma única palavra. A frase da missão de Martin Luther King, Jr., poderia ter sido: "Estou aqui para dar fim à discriminação racial e à injustiça social." Resumindo a uma única palavra, ela poderia ser "liberdade". A frase da missão de Charles Darwin poderia ter sido: "Estou aqui para observar como a vida muda e se adapta ao meio." Resumindo em uma única palavra, ela poderia ser "evolução".

Sua frase da missão se fundirá em dois componentes que iremos desenvolver neste capítulo: o Perfil da Alma, que reflete seus valores, e a Visão Pessoal, que reflete sua intenção mais profunda.

O perfil da sua alma

Usando apenas algumas palavras ou frases, responda às perguntas que se seguem. Seja franco, e não fique pensando muito nas perguntas antes de responder a elas. Deixe que as primeiras respostas o guiem.

1. Qual é a minha contribuição para a vida?
2. Qual é o propósito do que eu faço?
3. Como me sinto quando tenho uma experiência de pico?
4. Quem são meus heróis e heroínas (da história, mitologia, ficção, religião)?
5. Quais são as qualidades que procuro em um amigo?
6. Quais são meus talentos e qualidades singulares?
7. Quais são as melhores qualidades que expresso em um relacionamento pessoal?

Agora, usando as palavras-chave que você usou nas respostas anteriores, escreva um breve perfil da sua alma como se você estivesse descrevendo outra pessoa. Por exemplo: "O propósito de Deepak é *crescer* pessoalmente e *trazer à tona potenciais internos* e *possibilidades veladas*. Ele contribui sendo *amável* e *incentivando*. Quando ele tem uma experiência de pico, sente grande *paz interior* e *unidade* com tudo ao seu redor. Seus heróis são *Gandhi, Buda, Jesus, Mãe Divina e Krishna*. Em um amigo ele procura por *compreensão* e *estímulo*. Ele sente que sua habilidade singular é a *comunicação*. Tem talento para *ajudar os outros a enxergarem além dos velhos condicionamentos e limites estabelecidos*. Sua melhor qualidade nos relacionamentos pessoais é *amar, incentivar e valorizar* a outra pessoa."

Mantendo o perfil da sua alma sempre à mão, agora vá para o próximo passo: definir sua visão pessoal.

Sua visão pessoal

Novamente usando poucas palavras ou frases, complete as frases a seguir. Deixe-se levar. Não se preocupe em ser lógico, ou sobre a praticabilidade em implementar essas ideias. Apenas escreva o que vier para você. E, acima de tudo, seja verdadeiro consigo mesmo.

A alma da liderança

1. Eu quero viver em um mundo em que _____.
2. Eu ficaria inspirado em trabalhar em uma empresa que ____ _____.
3. Eu ficaria orgulhoso em liderar um time que _____.
4. Um mundo transformado seria _____.

Para fazer a relação de seu trabalho atual com sua visão, responda ao seguinte:

- Como a sua atividade reflete a visão delineada anteriormente?
- O que você precisa (da sua equipe ou organização) para ficar mais próximo de seus ideais?
- O que você pode oferecer (para sua equipe e organização) para ficar mais perto de seus ideais?

Pode ser que sua atividade atual esteja longe de sua visão. O primeiro passo na direção de diminuir a distância é definir sua visão da maneira mais específica possível. Ideais vagos tornam-se passivos; uma proposta com enfoque desperta poderes não percebidos da alma. Por outro lado, você pode estar no caminho para atingir sua visão, ou ao menos pode ter dado os primeiros passos. Não há lugar certo para se estar nesse momento. O principal aqui é esclarecer que tipo de mundo você visualiza e como se vê nele.

A frase da sua missão

Agora que você já escreveu seus valores e sua visão, junte as duas em uma frase sucinta que resuma sua missão nesta vida. Sua frase deve descrever o que você quer realizar como líder a partir deste momento. Use o seguinte modelo:

A missão por trás de tudo o que faço é _____.
- Sua frase deve ser simples e concisa.
- Uma criança deve ser capaz de entendê-la.
- Você deve ser capaz de dizê-la até mesmo dormindo.

Por exemplo: A frase da minha missão originalmente era "atingir uma massa crítica e obter um mundo pacífico, justo, sustentável e saudável". Isso precisava ser simplificado, o que me levou a pensar em uma missão mais clara: "Servir ao mundo e a todos os que vivem nele."

Finalmente, veja se você consegue cristalizar a frase da sua missão em uma palavra. A minha é "servir". A sua pode ser "crescer", "evoluir", "inspirar", "paz" ou qualquer outra coisa. O segredo é que, quando você chegar à maneira mais sucinta de formular seu objetivo, estará escutando seu verdadeiro eu, que é o primeiro requisito para qualquer um que aspire liderar com a alma.

Como líder, sua visão existe para ser compartilhada com entusiasmo e inspiração. A palavra *entusiasmo* vem da raiz grega *en-theos* ou "em Deus", lembrando que você deve olhar para dentro de sua alma. *Inspiração* vem da mesma raiz latina de *respirar* e *espírito*. Quando você inspira outros, leva outros para o espírito de sua visão – você os motiva a respirar a mesma atmosfera.

SUA VISÃO NA PRÁTICA

A visão é geral; situações são específicas. Em todas as situações de grupo você encontrará seres humanos, cheios de sentimentos, crenças, hábitos, experiências, lembranças e planos complexos. Qualquer líder tem condições de inspirar um grupo assim, mas é preciso um visionário bem-sucedido para influenciar cada um desses aspectos, a maioria dos quais está escondida e é altamente pessoal. Portanto, ter uma visão é apenas o primeiro passo. Agora você tem

A alma da liderança

de saber como introduzir situações e lidar com elas em cada nível, de tarefas administrativas superficiais (mas necessário) à articulação dos valores e crenças essenciais que cada um de nós protege e estima. Situações que gritam por liderança são fáceis de encontrar. O próximo passo é focar na necessidade que trará uma mudança produtiva. Assim que você começar a acessar o que é necessário, logo descobrirá que uma necessidade é diferente de um objetivo. O objetivo de um grupo pode ser criar uma nova campanha de marketing, estabelecer o planejamento da produção ou redefinir o trabalho de novas equipes; mas em um nível menos visível o líder deve preencher algumas necessidades básicas que irão determinar se o objetivo é atingível. Nós já mencionamos de maneira breve essas necessidades, que são universais. Há sete dessas necessidades, que estão listadas a seguir em ordem ascendente.

AS NECESSIDADES DE UM GRUPO

Segurança, proteção
Realização, sucesso
Cooperação
Integração, inclusão
Criatividade, progresso
Valores morais
Realização espiritual

O pioneiro a propor uma lista sobre o que as pessoas precisam, e organizá-la nessa ordem, foi o psicólogo Abraham Maslow. Ele definiu que a necessidade mais básica (segurança e proteção) deve acontecer antes de a pessoa seguir para necessidades maiores (amor e contato social, por exemplo). No contexto de liderança, estamos aplicando a hierarquia de Maslow para grupos, o que requer alguns pequenos ajustes a essas necessidades, mas o princípio de alcançar as necessidades mais básicas antes de ir para as maiores ainda permanece.

Um líder não pode cometer o erro de tentar pular necessidades básicas antes que todos sintam que essas necessidades foram atingidas. E é preciso imersão na situação – experiência prática – para entender o que está acontecendo. As pessoas não usam placas anunciando o que necessitam – pelo contrário. O reclamão crônico pode na verdade estar com medo de perder o emprego; sua necessidade é sentir-se seguro. O crítico declarado de novas ideias pode estar se sentindo excluído; sua necessidade é de integração. Embora estejamos discutindo grupos de trabalho – equipes em um projeto, o escritório no qual você trabalha, o grupo administrativo ao qual você pertence –, essas necessidades são universais, portanto elas se aplicam aonde quer que você vá. O grupo pode ser sua família, uma equipe de voluntários ou um grupo de escoteiros. Para ser a alma do grupo, um líder deve perceber de maneira correta do que cada um precisa e depois colocar sua percepção em ação.

A título de orientação, aqui vão algumas situações comuns que giram em torno das sete necessidades:

1. Segurança, proteção

Situação de *ameaça e instabilidade*. As pessoas sentem-se inseguras. O descontentamento está no ar. Você enxerga rostos tensos, sente a predominância da ansiedade. Quem vai fazer com que a situação se torne mais segura?

2. Realização, sucesso

Situação de falta de realização. As pessoas não se sentem bem-sucedidas. Elas querem ser mais produtivas, mas não há entusiasmo ou paixão suficientes para que isso aconteça. Quem vai tomar a frente e proporcionar a motivação tão desejada?

3. Cooperação

Situação de *incoerência e fragmentação*. Não há espírito de equipe. O grupo se desintegra em brigas e disputas mesquinhas. As reuniões duram uma eternidade e não chegam a conclusão alguma. Quem vai ser o elemento aglutinador que dá coerência à situação?

4. Integração, inclusão

Situação espelhada em sentimentos ruins e de apatia. Todos rodam como numa engrenagem, fazendo o que precisa ser feito, mas sentindo-se desmotivados. Quase não há apoio ou confiança pessoal. Quem vai trazer ânimo para a situação e fazer com que as pessoas se sintam incluídas?

5. Criatividade, progresso

Situações dominadas por *soluções antiquadas e ideias ultrapassadas*. As pessoas sentem-se encurraladas. Todos concordam que algo novo é necessário, mas tudo o que surge são pequenas variações do *status quo*. Quem vai trazer a faísca da criatividade para a situação?

6. Valores morais

Situações *espiritualmente vazias e corruptas*. Os fracos sentem-se desamparados e os fortes estão cinicamente levando vantagem. As pessoas falam sobre corrigir o que está errado, mas ninguém sabe por onde começar. O futuro parece uma autoilusão; o presente é opressor e sufocante. Quem trará esperança e um sentimento renovado de inocência?

7. Realização espiritual

Situações que simbolizam a condição humana. As pessoas estão fazendo perguntas importantes: Quem sou eu? Por que estou aqui?

Muitos estão procurando Deus. Há conversas sobre uma realidade maior, entretanto falta fé. Quem pode trazer luz e demonstrar que o sagrado é uma realidade viva?

Até agora focamos na observação, mas ouvir é de vital importância quando o objetivo é entender a situação na qual você está e que necessidade está clamando para ser preenchida. Em quase qualquer estimativa do que faz um líder, a mesma qualidade é mencionada: ele é um bom ouvinte. Existem habilidades verdadeiras que envolvem tornar-se um bom ouvinte. Quando você encontra um deles, os seguintes fatores estão presentes.

O QUE FAZ DE ALGUÉM UM BOM OUVINTE?

1. Não interromper.
2. Mostrar empatia: não criticar, brigar ou menosprezar.
3. Estabelecer uma sensação física de proximidade sem invadir o espaço pessoal.
4. Observar a linguagem corporal do outro e deixar que a sua demonstre que você não está distraído; pelo contrário, está atento.
5. Compartilhar suas descobertas, porém não muitas, nem cedo demais.
6. Entender o contexto da vida da outra pessoa.
7. Ouvir com os quatro níveis: corpo, mente, coração e alma.

Assim como observar, ouvir começa com os sentidos, ao mesmo tempo em que você tenta assimilar a história da outra pessoa sem julgamento ou parcialidade. Depois disso você vai além do que está ouvindo para analisar com a mente. Você também sente com o coração o que as palavras estão tentando transmitir – a maioria das pessoas expressa muito mais no nível do sentimento do que o sig-

A alma da liderança

nificado literal de suas palavras pode indicar. Finalmente, você permite que as palavras ressoem em sua alma, deixando-as incubadas antes de oferecer qualquer conselho ou tomar qualquer atitude.

A hierarquia das necessidades é como uma escada, mas a vida é sobre pessoas – entidades complexas, na melhor das hipóteses. Em vez de escalar os degraus de uma escada, a vida nos apresenta um novelo de lã para desemaranhar. As situações se sobrepõem. As condições mudam constantemente. Portanto, você tem de se manter flexível, observando e ouvindo, para extrair a real necessidade que terá de suprir.

Liderança é um modo de vida – um modo que você pode escolher agora. Um líder se movimenta na vida da forma mais natural possível mesmo quando não há ninguém o seguindo. A cada passo do caminho ele leva algo consigo, e esse algo o diferencia. Não é carisma, autoconfiança, ambição ou ego. Essas qualidades são identificadas nos líderes conhecidos, mas nenhuma delas é essencial. O elemento essencial é a consciência que está sempre se expandindo, e que começa com observar e ouvir.

AS LIÇÕES DE OBSERVAR E OUVIR

- Liderar com a alma significa observar e ouvir com os quatro níveis: corpo, mente, coração e alma.

- Uma vez que tenha sua própria visão, ela o motiva e direciona tudo o que você faz.

- Como líder, você deve responder à hierarquia das necessidades, da mais básica às mais elevadas.

O QUE FAZER HOJE

É hora de começar a aplicar sua visão às necessidades dos outros. Hoje, olhe ao redor e encontre o grupo que mais importa para você – uma equipe de trabalho, sua família ou um grupo de trabalho voluntário ou da escola. Do que seu grupo precisa? Que respostas você pode fornecer? (Foque naquilo que você vê hoje; nos capítulos seguintes, uma vez que as necessidades básicas foram alcançadas, discutiremos como levar o grupo a necessidades maiores.)

Seus pontos fortes naturais surgirão em resposta à situação, então reflita a partir da lista a seguir o quanto a resposta de um líder está associada à sua:

Necessidade: Segurança, proteção
Resposta do líder: Eu sou forte quando preciso defender os outros. Mantenho a cabeça fria durante uma crise; eu sou bom em situações de emergência.

Necessidade: Realização, sucesso
Resposta do líder: Eu sei do que é preciso para vencer. Posso motivar as pessoas a conseguir. Posso fazê-las acreditar em mim.

Necessidade: Cooperação
Resposta do líder: Sou um conciliador que consegue ver os dois lados de um conflito. Sou estável, não sou impulsivo. Eu sei como demover as pessoas de posições rígidas.

Necessidade: Integração, inclusão
Resposta do líder: Sentir empatia é algo fácil para mim. Eu entendo a natureza humana. Sei como fazer com que as pessoas perdoem e vejam o melhor nos outros. Lidar com situações emocionais não me perturba; sinto-me confortável com isso.

Necessidade: Criatividade, progresso
Resposta do líder: Consigo fazer com que as pessoas pensem além do quadrado. Sei como motivar pessoas criativas. Adoro explorar novas possibilidades. O desconhecido não me amedronta.

Necessidade: Valores morais

Resposta do líder: Eu sinto um chamado. Quero curar velhas feridas e posso ajudar as pessoas a enxergar seu propósito de estar aqui. Quero compartilhar meu entendimento de por que fomos colocados neste planeta.

Necessidade: Realização espiritual

Resposta do líder: Eu sinto a plenitude. Influencio as pessoas que querem vivenciar a paz interior que tenho. Meu silêncio interior fala mais alto que minhas palavras. Eu lidero através da minha presença. As pessoas me consideram sensato.

O fruto de observar e ouvir é que você trabalha com a sua própria visão. Ela é sua paixão, não porque você pensou nisso, mas porque ela vem de quem você realmente é. Quando você adentra uma situação e doa de si mesmo como realmente é, cresce junto com as pessoas a quem está ajudando. Isso é a fusão de corações, mentes e almas.

2
E = ESTREITANDO VÍNCULOS EMOCIONAIS

Os líderes trazem à tona o que as pessoas têm de melhor, mas os visionários bem-sucedidos vão ainda mais longe: eles formam vínculos emocionais duradouros. São os tipos de líderes que trazemos no coração. Quando as pessoas estão emocionalmente ligadas a você, elas querem ter contato com você. Elas querem ajudá-lo e compartilhar da sua visão. Uma motivação profunda se desenvolve. Uma lealdade verdadeira e duradoura é formada.

Para criar laços assim, você deve estar disposto a construir relacionamentos reais. Compartilhar de si mesmo. Ter um interesse pessoal nos outros e notar seus pontos fortes. No nível mais básico, você mesmo tem de demonstrar uma energia emocional saudável. Evite as três atitudes tóxicas: autoritarismo, raiva e indiferença.

Em cada situação tenha como hábito perguntar a si mesmo a questão principal da inteligência emocional: Como eu me sinto? Como eles se sentem? Quais são os obstáculos ocultos entre nós? O líder que consegue responder a essas questões estará em condições de criar vínculos emocionais duradouros.

As emoções são as aliadas invisíveis dos visionários bem-sucedidos. Para pôr em prática sua visão, você precisa dominar essa área. Quando você pensa em um líder poderoso, imagina uma figura forte e autoritária, um chefe que não pode ser contestado, cuja desaprovação provoca medo? Tradicionalmente, os líderes têm buscado exercitar a autoridade, o controle e o poder. No longo prazo essa estratégia não é bem-sucedida; quando motivadas pelo medo, as pessoas agem com relutância ou não agem de forma alguma.

Um líder que trabalha com emoções positivas, entretanto, é capaz de fazer desabrochar o potencial de todos que estão abaixo dele. Se você realmente é a alma do grupo, lidera e serve ao mesmo tempo. Quando os outros percebem que você está disposto a dar de si mesmo, sua influência como líder se expande tremendamente.

Os visionários bem-sucedidos de todas as épocas construíram vínculos emocionais, com frequência, de maneira instintiva e sem um plano consciente. Podemos dizer que um vínculo existe a partir do comportamento dos que estão ao seu redor:

Eles querem estar na presença do líder.
Eles querem ser úteis.
Eles querem ter o melhor desempenho, o que
os leva para mais perto do líder.
Eles querem compartilhar da visão do líder.
Eles querem participar do sucesso do líder.

Esse comportamento não tem caráter de dependência; é assim que um grupo funciona quando se sente inspirado. A inspiração começa com comprometimento emocional. Pare por um momento e pense em um líder que o inspira. Se você tivesse a oportunidade de estar perto dessa pessoa, não iria querer ter contato pessoal, compartilhar da sua visão e ficar satisfeito com seu sucesso? Essas são as qualidades do vínculo emocional.

TORNE-SE EMOCIONALMENTE INTELIGENTE

Vínculo emocional não é o mesmo que ser adepto do contato físico, querer ter intimidade excessiva ou deixar que todos saibam como você se sente. O vínculo emocional tem a ver com um alto nível de inteligência emocional, o que se tornou um aspecto prático da psicologia. Para ser mais específico, alguns princípios básicos nascem da inteligência emocional, permitindo-lhe ser emocionalmente lúcido e eficaz. Essas são habilidades que qualquer visionário bem-sucedido deve possuir.

Liberdade emocional: Para criar um vínculo efetivo com as pessoas você tem de ser livre emocionalmente. Isso significa, em primeiro lugar, estar livre de culpa, ressentimentos, mágoas, raiva e agressão. Não é preciso que você seja perfeito, apenas que seja lúcido com relação aos seus sentimentos latentes. Todos temos emoções negativas, mas o líder relaciona-se com elas de uma maneira produtiva, pelo bem do grupo. Ele não dá sinais truncados ou se permite ter explosões e mau humor – e se o faz, rapidamente corrige a situação. Somente com clareza e objetividade você pode confiar emocionalmente em si mesmo e fazer com que os outros confiem em você.

Para alcançar a clareza, é muito útil que você:

- Esteja consciente do seu corpo. Sensações de tensão, contração, rigidez, desconforto e dor são indicações de que emoções negativas estão pedindo para serem percebidas e liberadas.

- Observe seus sentimentos. As emoções nos sugam e, inevitavelmente, dão cor ao nosso julgamento. Mas, se você observar suas emoções objetivamente, como situações que passam e cuja importância diminuirá com o passar do tempo, poderá impedir de ser arrastado por elas.

- Expresse seus sentimentos. Isso significa, antes de tudo, expressá-los para si mesmo quando você sabe que são negativos e potencialmente destrutivos. Aprenda como liberar sua negatividade em particular, e seja cauteloso ao fazê-lo. Não deixe que a raiva e o ressentimento se alonguem somente porque você se afastou. Se você não tomar conhecimento deles de maneira ativa e liberá-los, eles irão se acumular e infeccionar.

- Assuma a responsabilidade pelo que sente. Quando alguém comete um erro, é responsabilidade dele corrigi-lo, mas é sua responsabilidade lidar com o modo como você se sente com relação a isso – essa emoção não pertence a ninguém mais além de você. Geralmente é de grande ajuda ter um diário da sua vida emocional, tanto de emoções negativas quanto positivas. Dê crédito a si mesmo quando conseguir lidar com uma situação difícil sem explodir, culpar ou ficar ressentido. Assuma a responsabilidade pelas vezes em que suas emoções tiveram um efeito contrário em sua liderança. O diário é um bom lugar para ser totalmente honesto e admitir suas falhas com o objetivo de melhorá-las.

- Compartilhe seus sentimentos com pessoas nas quais você confia. Todos precisam ter algum amigo ou um confidente mais próximo que irá ouvir, compreender e oferecer uma visão diferente.

- Descubra outras perspectivas. As emoções estão intimamente ligadas a crenças, ego e condicionamento passado. Quando você fica zangado com alguém, também está dizendo: "Estou certo." Neutralize essa tendência autocentrada buscando o maior número possível de pontos de vista. Descobrir o que os outros pensam não fará com que você esteja errado; apenas ampliará sua visão.

Fazer essas coisas não é bom apenas para você. Quando você é emocionalmente livre, deixa as outras pessoas à vontade e felizes por estarem ao seu redor. Isso as energiza e encoraja a terem mais clareza com relação aos seus sentimentos. Pesquisas cerebrais mostram que mães e filhos estão ligados através de um mecanismo primário conhecido como *ressonância límbica* que sincroniza dois cérebros: os mesmos centros emocionais do cérebro, a região límbica, entram em sincronia, o que leva a compartilhar ritmos biológicos, como a batida do coração e a respiração. Se eles estiverem verdadeiramente ajustados, mãe e filho podem sentir o que o outro está sentindo, ou até mesmo pensando, sem qualquer troca de palavras. O mesmo mecanismo permanece intacto quando crescemos; você pode estar interligado a outros em um nível biológico profundo, o que inclui compartilhar a abertura para a liberdade emocional. Por outro lado, estresse e negatividade podem servir para separar duas pessoas.

Entusiasmo compartilhado: Transforme o "isso é bom para mim" em "isso é bom para nós". A menos que seu entusiasmo contagie os outros, ele pode ter um efeito negativo. As pessoas não sentem vontade de ajudar um líder se pensarem que não estão ajudando a si mesmas. (É impossível não rir do gerente puxa-saco da série de tevê *The Office* (O escritório) quando ele diz: "A má notícia é que haverá demissões. A boa notícia é que eu vou ser promovido.") Seja sincero. Permita que o seu sucesso seja "nosso" sucesso se for merecido. De qualquer forma, o melhor princípio é não parecer bom, mas deixar com que os outros o façam bom.

Cuidando genuinamente dos outros: Proporcionar cinco minutos de elogio a alguém ou voltar-se para perguntar: "Tudo bem?", enquanto você passa pelo corredor não é criar vínculo. É preciso se importar com as pessoas. As mesmas situações com as quais você se importa em sua vida aplicam-se aos outros. Olhe a pessoa nos olhos, esqueça de todo o resto e responda naturalmente.

Disposição para construir um relacionamento: No fundo, todos os relacionamentos são construídos a partir do que duas pessoas têm em comum. Os vínculos mais fortes entre adultos são entre iguais. Você não pode fazer parte da família de todos, mas pode fazer com que os outros se sintam ligados a você como espíritos afins. No nível da alma essa é a única verdade, pois todas as almas são iguais. São os papéis que representamos que reforçam a ilusão de desigualdade. Como líder, você precisa desempenhar um papel, mas precisa ficar atento para se afastar do seu papel de vez em quando. Faça contato pelo mero prazer que isso dá, pela diversão de passar um tempo com alguém.

Reforçando os pontos fortes alheios: Muitas vezes já nos foi mostrado que os melhores líderes dão enfoque aos pontos fortes dos seus seguidores. Eles montam um time avaliando quem faz o que bem. Encorajam cada pessoa a desenvolver suas melhores qualidades. Mas esse é apenas o começo. As pessoas querem ser elogiadas pelos seus pontos fortes, de maneira específica e pessoal. Passar por um operador de máquinas e dizer: "Bom trabalho" é um clichê. É muito melhor saber o que ele faz bem, dizer a ele e mostrar que valeu a pena o trabalho feito.

Aumentando a autoestima alheia: A autoestima é feita de três elementos básicos. As pessoas sentem-se bem consigo mesmas, em primeiro lugar, se acham que estão fazendo um bom trabalho em um emprego que valha a pena; em segundo lugar, se desenvolveram uma autoimagem positiva enquanto cresciam; e em terceiro lugar, se estiverem colocando em prática seus valores essenciais. Com isso em mente, faça o melhor que puder para ajudar os que estão ao seu redor a se sentirem valorizados, e que saibam que têm todos os motivos para gostarem de si mesmos.

Comunicação não violenta: Remover qualquer sensação de ameaça permite com que você administre situações de um modo que preencha as necessidades das pessoas. Se você vê estresse, desconfiança, apatia, hostilidade velada ou qualquer outro sinal de resistência nas pessoas com as quais está se comunicando, algo está trabalhando contra você no nível emocional. Toda mudança ameaça o *status quo*. A inércia luta contra a visão. Você pode reduzir o nível de ameaça olhando intimamente para si mesmo e certificando-se de que o seguinte é verdadeiro:

> *Você respeita as diferenças de opinião, mesmo que isso pareça minar o sucesso da sua visão.*
> *Você não precisa que as pessoas mudem para ser feliz.*
> *Você está vindo de um lugar de paz.*
> *Você verdadeiramente quer compreender por que os outros estão sendo resistentes com relação a você, sem transferir culpa ou julgamento para eles.*
> *Você quer que as mudanças beneficiem a todos ou o maior número de pessoas possível.*
> *Você pode se afastar de contratempos sem ser hostil com aqueles que se opõem a você hoje – eles podem se tornar seus aliados amanhã.*

Resolução de conflitos: Estamos todos emocionalmente envolvidos com nossas crenças mais profundas. Quando as pessoas não chegam a um acordo, a causa está sempre no nível do sentimento: alguém está empacado. A negociação é a única maneira de fazê-los seguir em frente. Quando você consegue negociar com seus oponentes no nível da emoção, a paixão por trás da sua visão tem uma chance de falar ao coração deles.

Usar a inteligência emocional como uma ferramenta de negociação requer o seguinte:

> *Que você respeite a oposição e perceba que eles se sintam respeitados.*
> *Que você continue firme, porém flexível.*
> *Que você genuinamente sinta que o outro lado tem direito à sua posição.*

A alma da liderança

Que o ganha-ganha seja seu objetivo central. Todos devem sair da negociação sentindo que ganharam algo.

Que você queira o melhor para seus opositores. Não tenha como objetivo obter o máximo deles em termos de concessões.

Que você retire o certo e o errado do seu vocabulário durante as negociações. Goste você ou não, todos ao redor da mesa sentem-se igualmente com direitos.

Que você veja o outro lado da moeda, que cada parte também se acha igualmente prejudicada. O sentimento de injustiça não existe somente do seu lado.

Que você fale de maneira pessoal, com o coração. Isso requer que se apresente de maneira simples, apropriada e equilibrada.

Que você concorde em perdoar e peça perdão. Deixe que as faltas dos outros caiam no esquecimento do passado enquanto assume a culpa pelas suas faltas aqui e agora.

Jamais leve uma discussão para o lado da ideologia ou religião. Isso está fora de cogitação, pois não importa o quanto diplomático você possa ser, a outra parte se sentirá ameaçada.

AS SETE SITUAÇÕES

Os sentimentos podem preencher uma necessidade ou não. Um líder sempre deve ter isso em mente. Ele não esta ali para encorajar qualquer emoção por interesse próprio. Cada uma das sete situações apresentadas no primeiro capítulo tem um lado emocional, que é a melhor dica para a necessidade que terá de ser preenchida. Mas você precisará reconhecê-la primeiro.

1. Necessidade não preenchida: estar seguro e protegido

Emoções: Medo, ansiedade, incerteza, sentir-se ameaçado

Sua estratégia: Traga à tona a ansiedade velada do grupo. Dê ao seu grupo razões para não se sentirem amedrontados. Trace um caminho que levará à estabilidade. Peça aos mais fortes para compartilhar a fonte de sua força. Prometa que cada um irá superar a crise e cumpra sua promessa o mais rápido que puder. Demonstre confiança e ajude a formar conexões um a um.

2. *Necessidade não preenchida: realizar, ser bem-sucedido*

Emoções: Falta de motivação, apatia, sensação de fracasso e inadequação

Sua estratégia: Compartilhe seu entusiasmo pessoal com o grupo. Reforce seus pequenos sucessos. Deixe claro que todas as vitórias são "nossas" vitórias. Descreva as novas possibilidades que estão se abrindo. Especifique como cada pessoa pode ser bem-sucedida segundo seus pontos fortes. Atribua uma única tarefa ou projeto que tenha grande probabilidade de sucesso, certificando-se de que seja bem-sucedido e que faça as pessoas sentirem-se orgulhosas.

3. *Necessidade não preenchida: cooperar com os outros*

Emoções: Ciúmes, ressentimento, discórdia, egoísmo

Sua estratégia: Localize uma emoção que todos sintam (orgulho, amor-próprio, satisfação em fazer o melhor, domínio de uma tarefa difícil) e depois cheque se todos concordam com esse sentimento. Não desista enquanto não estiverem todos de acordo. Chame a atenção para o tópico da discórdia sem designar culpados. Aponte os motivos que fazem com que todos ganhem se o grupo agir conjuntamente. Seja paciente, mas se for preciso elimine os reclamões crônicos e os transgressores. Negocie diferenças chamando rivais para uma conversa em particular. Dê forte *feedback* negativo a qualquer demonstração pública de rebeldia.

4. *Necessidade não preenchida: estimular e ser estimulado, sentir-se integrado ao grupo*

Emoções: Solidão, isolamento, sentir-se incompreendido e ignorado

Sua estratégia: Mostre que você se importa com o grupo. O grupo todo fica prejudicado quando alguém se sente deixado de lado, mas esse sentimento não é algo para ser discutido publicamente. Sente-se em particular com o membro alienado e ouça o que ele tem a dizer. Mantenha esse contato até que ele seja reintegrado ao grupo. Respeite o direito de todos à privacidade, mas deixe claro que participar é obrigatório. Demonstre paciência. Naturalmente, nem todos participarão da mesma maneira. Monitore os que ficam isolados perguntando se eles concordam e como se sentem. Inclua-os, mas não os confronte diretamente (por exemplo: "Adam, você quer se juntar a nós?" ou "Seria ótimo se você tivesse uma ideia, Alicia."). Em vez disso, faça de uma maneira simples e aberta ("Adam, o que você pensa disso?"; "Eu gostaria de ouvir a opinião de todos... Alicia?").

5. Necessidade não preenchida: ser criativo, crescer

Emoções: Estagnação, tédio, repressão, sentimento de tédio

Sua estratégia: Diga abertamente ao grupo que um vento novo deve soprar. Separe um tempo para reuniões em que possam surgir ideias novas, onde todos podem deixar a imaginação fluir. Deixe claro que boas ideias serão recompensadas. Não aponte obstáculos, limites de orçamento ou impraticabilidades. Faça coisas surpreendentes que provoquem sorrisos. Diga "me surpreenda" e seja honesto ao dizê-lo – você quer que todos deem o máximo de si e que se sintam seguros ao fazê-lo.

6. Necessidade não preenchida: ser orientado por valores essenciais

Emoções: Culpa, vazio, falta de orientação, ausência de objetivo

Sua estratégia: Fale ao grupo com o coração. Inspire com a alma. Compartilhe histórias pessoais sobre experiências importantes na sua vida. Pergunte o mesmo aos outros. Não passe por cima dos valores morais das outras pessoas ou aja de maneira superior com relação aos seus. Foque no potencial ilimitado de crescimento de cada um. Coloque seus valores mais altos – compaixão, amor, lealdade, honestidade e integridade – em prática, agindo como um modelo. Se lhe parecer apropriado, peça ao grupo silêncio, meditação ou preces. Não tenha medo de um momento edificante. Seja sempre franco. Aprecie a inocência escondida em todos.

7. *Necessidade não preenchida: ser espiritualmente realizado*

Emoções: Anseio, busca, desejo por mais da vida

Sua estratégia: A palavra *estratégia* não é apropriada nesse caso. Você está ali para espalhar luz e faz isso estando na luz. Você compreende e aceita todas as pessoas. Sente compaixão em todas as situações. Agora poderá espalhar sua influência simplesmente sendo. Se você encontrou sua alma, sua fonte na pura consciência, as pessoas perceberão seu estado de graça e unidade, elevando seus espíritos sem esforço da sua parte. Através de você, sentirão que paz interior e segurança completa são possíveis.

UMA ROSA PODE MUDAR UMA VIDA

Vou lhe contar uma história sobre como vi com meus próprios olhos o poder dos laços emocionais. Quando eu era garoto, crescendo na Índia, meu pai era médico do exército com base em Jabalpur, uma cidade grande próxima ao centro do país. Em um determinado dia, Jabalpur inteira ferveu com a notícia da visita iminente do primeiro-ministro da Índia, Jawaharlal Nehru. A Índia tornara-se um país independente em 1947, apenas alguns meses depois de eu ter nascido, e seu primeiro líder eleito, Nehru, era algo como um pai e um santo para o povo da Índia.

Com a aproximação do comboio de Nehru no dia marcado, uma onda de admiração e animação percorreu as ruas, como se Gandhi

A alma da liderança

em pessoa estivesse chegando, e realmente Nehru herdara a túnica de Gandhi. Lembro-me dos nossos vizinhos subindo nos postes de luz para conseguir apenas um relance do carro de Nehru; as copas das árvores ao longo da rua cediam com o peso dos meninos pendurados em seus galhos. Minha mãe vestiu seu melhor sári, e não importava em quem ela havia se transformado – em uma empregada, uma melhor amiga ou a mulher do diretor do hospital onde meu pai trabalhava –, ninguém falava em outra coisa a não ser Nehru. Quando o comboio finalmente virou a rua, passou direto pela frente da nossa casa. Foi então que algo incrível aconteceu. Minha mãe havia encontrado um lugar à frente da multidão. Antes, ela nos confidenciara que tinha certeza de que Nehru iria notá-la entre os milhares de pessoas que se amontoavam no seu caminho, e embora tenhamos zombado dela, sua confiança permaneceu inabalável. E quando chegou o momento, ela verdadeiramente *foi vista* por Nehru! Ele parou por um segundo, pegou a única rosa vermelha que sempre usava na lapela, e a jogou para ela. Mesmo com todo o tumulto minha mãe a pegou, e quando o desfile acabou, ela a levou para dentro com todo o cuidado e a colocou em seu melhor vaso.

Durante toda aquela tarde nossa casa ficou repleta de pessoas que vinham para admirar a rosa, uma rosa do tipo que se compra em tendas na feira por algumas rúpias. Apenas pelo fato de Nehru tê-la jogado com suas próprias mãos, a rosa adquiriu um status místico. E minha mãe também, porque foi ela que a pegou. As pessoas que a viam todos os dias agora baixavam a voz em sua presença e olhavam para ela com reverência. E quando eu olhava para minha mãe, percebi que seu breve encontro com a magnitude parecia lhe ter dado uma nova percepção de si mesma também. Ao fim do dia, a rosa de Nehru foi guardada para a posteridade, cuidadosamente prensada entre as páginas de um livro como uma relíquia sagrada.

Imagine a si mesmo inspirando esse tipo de amor e lealdade. É o que todo visionário bem-sucedido faz.

A magnitude política é para poucos, mas a maioria de nós encontrará algumas oportunidades de liderança no nosso local de trabalho, onde não é raro encontrar um vácuo de inteligência emocional. Em um extenso estudo sobre satisfação de trabalhadores, a organização Gallup de pesquisas descobriu que o local de trabalho continua sendo bastante impessoal. Segundo a Gallup, apenas 17% dos empregados reporta que seus gerentes "fizeram um investimento em nosso relacionamento". Você não precisa ser o líder de uma nação para curar essa condição!

INTELIGÊNCIA ESPIRITUAL

Com as duas últimas necessidades – de maior orientação e realização espiritual –, vamos além da inteligência emocional. Nesse nível mais profundo, estaremos trabalhando no reino da *inteligência espiritual*, o que nos coloca em contato com o amor, a compaixão, a alegria e a paz interior. Esses valores são transpessoais. Pertencem à humanidade como um todo. A inteligência espiritual não endereça uma situação especificamente. Trata-se de encontrar o sagrado na vida diária. Você vem de um lugar de amor, alegria e equanimidade porque está em contato com sua própria alma.

A inteligência espiritual não tem relação com aprender habilidades, e sim descobrir quem você é no nível da alma. Somos todos conscientes; todos sabemos como é ter paz interior, silêncio, confiança e alegria. De onde vêm essas experiências? Se vêm da essência de nosso ser, da alma, então é natural querer ir ao seu encontro e vivenciá-las.

Explorar quem você é em um nível mais profundo do que seus pensamentos diários é a verdadeira definição da meditação. No início é suficiente praticar uma simples meditação como a que segue:

Meditação usando a respiração

Reserve vinte minutos de manhã e à noite, quando você pode sentar-se sozinho em um lugar calmo sem ser interrompido ou perturbado. Desligue o telefone ou seu bipe. Feche os olhos e não faça nada por cinco minutos, deixando que o ritmo da sua respiração se acalme naturalmente. Observe sua mente tagarelar, mas não interaja com ela. Deixe que seus pensamentos e sentimentos simplesmente sejam o que são.

Agora coloque gentilmente sua atenção no meio do seu peito. Ao fazê-lo, acompanhe sua respiração entrando e saindo. Sinta cada expiração como se estivesse liberando o ar do seu corpo todo; sinta cada inspiração como se estivesse espalhando o ar para cada parte do seu corpo. Não imponha um ritmo em sua respiração, rápido ou devagar. Não tente respirações profundas ou curtas, mas tenha a intenção de, com o passar do tempo, tornar sua respiração mais sutil e refinada. Continue essa meditação por 15 minutos. Tudo bem se você dormir: isso apenas quer dizer que precisa descansar antes de poder meditar. Ao fim da sessão, leve um minuto para sair do estado meditativo; não pule imediatamente para a ação.

Tornar-se confortável com essa simples prática é dar o primeiro passo em direção à inteligência espiritual. Meditando todos os dias, você permitirá que sua alma permeie a vida diária. Quando isso acontece, você verá uma série de mudanças em si mesmo, como:

Momentos inesperados de alegria.
Uma sensação de paz no meio de uma atividade.
A capacidade de ver a si mesmo claramente.
Mais razões para gostar dos outros e menos razões para criticar.
Menos necessidade de controlar.
Maior confiança de que as respostas certas aparecerão.
Desejo de seguir livremente o fluxo.
Uma sensação profunda de pertencer, de fazer parte.

Assim que você começar a ter experiências desse tipo, naturalmente e sem esforço irá estendê-las para seu mundo exterior. Ficará claro para você que o que quer que esteja dentro de você, deve estar dentro de todos. No nível da alma, todos possuem as mesmas qualidades. O líder espiritualmente inteligente age com essas qualidades mesmo quando elas não estão muito em evidência. Ele dá a cada pessoa espaço para mudar. Essa atitude poderia ser chamada de "cuidar em silêncio". Nesse ponto o líder já foi além da situação imediata: ele aceita completamente o papel que mais importa, ser a alma do grupo.

Quando a inteligência emocional funde-se com a inteligência espiritual, a natureza humana é transformada. Um líder assim personifica o que as tradições sábias chamam de "a luz". A luz dá vazão ao amor e à compaixão, mesmo quando a pessoa não demonstra sinais exteriores de estar agindo com a alma. Ao contrário, os poderes invisíveis do Ser – a consciência pura na base de toda a existência – começam a demonstrar que são reais. A dificuldade dá lugar à facilidade, e o conflito dá lugar à completa confiança de que o melhor resultado se manifestará. Seu mais leve desejo é acolhido pelo universo e revelado. Cada ação é parte do fluxo da vida. No primeiro dia em que medita, você abre uma porta para a luz. Você pede à sua alma que tenha mais consciência, e seu desejo é concedido. A alma é toda luz, ainda que isso seja uma metáfora – a substância real da alma é a consciência.

A consciência é ilimitada. Os laços emocionais que o unem a outra pessoa são laços de luz. No nível da alma vocês já estão unidos. Seu papel como líder é ajudar os outros a perceber que isso é real.

AS LIÇÕES DO VÍNCULO EMOCIONAL

- Liderar com a alma significa formar vínculos com as pessoas para que elas queiram compartilhar da sua visão e sintam-se realizadas através do sucesso compartilhado.
- Se você valoriza a inteligência emocional, pode aprender habilidades que unam as pessoas. Isso requer que você construa relacionamentos e doe de si mesmo.
- Como um líder da alma, você percebe as emoções veladas em qualquer situação e mostra como saná-las. Você sabe com segurança que todos já estão unidos no nível da alma.

A alma da liderança

O QUE FAZER HOJE

A inteligência emocional aumenta mediante a percepção. Olhe para a sua situação atual (no trabalho, na família, com os amigos íntimos) e observe no nível do sentimento. Seu coração lhe dirá quando uma pessoa está emocionalmente distante de você. Os sinais estão velados ou a tensão é óbvia; as outras pessoas não parecem estar relaxadas; não riem com você e não o olham nos olhos. Não parecem querer estar à sua volta ou compartilhar do seu sucesso. Como você pode transformar essa distância em vínculo? Sua tarefa hoje é mudar o tom emocional de sua vida onde quer que ele não esteja funcionando. Veja os comportamentos listados a seguir. Escolha um para aplicar hoje e, no decorrer do próximo mês, escolha cada um dos dez comportamentos pelo menos uma vez.

Encurtando a distância

DEZ COMPORTAMENTOS PARA SANAR A DISTÂNCIA EMOCIONAL

1. Perceba o ponto forte ou talento da pessoa, e diga isso a ela.
2. Dê retorno positivo quando ela fizer algo melhor.
3. Elogie sem esperar elogios de volta.
4. Concorde com seus pedidos quando sentir em seu coração que é correto.
5. Se o clima esquentar demais, afaste-se, mas retorne com um humor conciliatório.
6. Reconheça seus sentimentos. Ninguém mais o fará. E aceite que os sentimentos da outra pessoa não são seus: são dela.
7. Não traga à tona questões delicadas quando puderem causar embaraço (principalmente na frente de outra pessoa ou do grupo todo).

8. Antes de tocar em um assunto pessoal, espere até você estar bem emocionalmente, e certifique-se de que a outra pessoa esteja emocionalmente bem também.

9. Evite rituais ultrapassados. Se você se perceber repetindo as mesmas coisas dia após dia, isso se tornou um ritual, e não uma resposta genuína. Encontre algo novo a dizer, e uma maneira nova para demonstrar que você se importa com aquela pessoa.

10. Encontre uma coisa todo dia para perdoar a pessoa. Não deixe que ela saiba o que é; apenas perdoe e siga adiante.

Enquanto você adota esses comportamentos no seu dia a dia, transformando a distância emocional em vínculo, seja natural consigo mesmo e com a outra pessoa. Seja sincero, não exagere. Acima de tudo, não o faça por querer estar certo ou para provar que pode fazer alguém gostar de você; sua intenção é mais imparcial que isso. Sua finalidade é desenvolver a inteligência emocional necessária para ir além de seus padrões antigos e inadequados. Valorizar o vínculo emocional é tirar a si mesmo e a pessoa com quem você se importa do gelo emocional, mesmo que isso não o beneficie diretamente.

Emocionalmente falando, há apenas três tipos de situações com pessoas: as que você pode corrigir, as que você suporta e as que você deve afastar. Como líder, é seu dever encontrar maneiras de corrigir o maior número possível de situações. A maioria das pessoas sujeita-se demais e, quando atingem um ponto de frustração insustentável, se afastam. De maneira oposta, você pode corrigir uma situação através da inteligência emocional e habilidade lidando com as emoções. Ao diminuir a distância que isola as pessoas umas das outras, você está propiciando que o lado emocional da vida seja proveitoso. Superar nosso medo e nossa resistência interior nos leva a uma felicidade compartilhada.

3
A = AMPLIANDO A CONSCIÊNCIA

A consciência é a origem das possibilidades. Tudo o que você quer fazer, tudo o que você quer ser, começa aqui. Para ser um visionário bem-sucedido, você tem que estar o mais consciente possível. A cada momento, muitos caminhos levam adiante. A consciência lhe diz qual é o caminho certo a seguir.

Como líder, sua consciência afeta todos os que estão ao seu redor. As pessoas a quem você lidera e serve dependem da sua compreensão e alcance da situação. É preciso olhar para dentro para obter a resposta certa. Você pode aumentar a consciência do grupo, partindo de necessidades menores a necessidades mais elevadas. Para fazer isso, você deve preencher cada necessidade dentro de si próprio.

Consciência é sinônimo de percepção. Não há limites para o que você pode mudar, pois a consciência traz luz a cada aspecto da vida. Se sua consciência for restrita, todo o resto será também. Por outro lado, se você estiver em um estado de consciência expandida, tudo o mais estará expandido também. As tradições sábias mais antigas já diziam: "Conheça a única coisa pelo que tudo o mais é conhecido." Isso é consciência. Nada possui um poder maior de transformação.

A consciência é a origem das possibilidades. Tudo o que você quer alcançar começa aqui. Assim que uma nova ideia surge, ela deve ganhar poder e influência. As outras pessoas devem querer apoiá-la: os meios de tornar a visão realidade devem ser revelados. Tudo isso depende da sua consciência, pois a partir do momento que você tem uma nova ideia, muitos caminhos levam ao futuro. Em um lugar bem dentro de você, o caminho certo clama. O visionário bem-sucedido olha para dentro de si, dia após dia, para descobrir o próximo passo do caminho. Para ele, sucesso é uma jornada evolutiva.

Consciência não é o mesmo que pensar. O mundo é tão complexo que a mente racional não consegue calcular todas as possibilidades em uma determinada situação. Instintivamente, todos sabemos disso. Portanto, não usamos verdadeiramente a lógica e a razão do modo que dizemos que usamos. Tomamos nossas decisões intuitivamente, e depois buscamos a lógica e a razão para justificar nossas escolhas. Isso não significa que a lógica não tenha valor. Significa que usamos muito mais a nossa consciência do que imaginamos.

Pesquisas sobre o cérebro mostram que até mesmo nas decisões mais simples muitos centros do cérebro estão envolvidos, em particular os centros emocionais. Quando você olha para uma banana em um mercado, um cachecol de *cashmere* em uma loja de departamentos ou um carro usado em uma concessionária, você pode estar silenciosamente calculando o que acha que seria um preço justo. Em segundos terá feito um julgamento, ainda que mal tenha percebido, se é que percebeu, o que seu cérebro fez. Um comprador achará que é justo pagar dois dólares por meio quilo de bananas orgânicas, enquanto outro não as levará por esse preço. Se perguntado por

A alma da liderança

que, cada um provavelmente lhe dará um motivo, mas no momento da decisão, múltiplas razões estavam em ação. Levaria um longo tempo para verbalizar esses processos, mesmo sem considerar como eles se mesclam e pesam um contra o outro.

Como líder, você deve tomar decisões da maneira que um comprador escolhe bananas, usando muitos centros do seu cérebro. A maioria dos programas de treinamento sobre liderança prega o oposto. A razão e a lógica têm a pretensão de dominar; 90% das tomadas de decisão são supostamente baseadas em análises. As pesquisas comportamentais, entretanto, indicam que, quando tomamos uma decisão, muito mais está acontecendo no cérebro.

Em um experimento, fotos com forte conteúdo emocional, tanto positivo quanto negativo, foram mostradas aos entrevistados (um bebê recém-nascido, um casamento, uma trem destruído, cena de uma batalha). Seus cérebros estavam sendo escaneados, e as fotos iluminavam o centro emocional do cérebro, a amígdala. Depois perguntaram aos entrevistados quanto eles estariam dispostos a pagar por simples utensílios domésticos. Sistematicamente, esses entrevistados estavam dispostos a pagar muito mais do que os entrevistados que não foram anteriormente estimulados emocionalmente. E isso aconteceu tanto com as fotos que geraram emoções negativas quanto positivas. Sentir-se mais feliz fez com que eles ficassem dispostos a pagar até três ou quatro vezes mais do que pagariam normalmente, e o mesmo aconteceu quando se sentiram deprimidos. Mais revelador ainda, os participantes do experimento não conseguiram eliminar a influência emocional nas decisões, não importa o quanto tentassem. O ideal de soluções completamente racionais é uma ilusão.

Isso provavelmente é bom, pois, se você fosse confiar totalmente na razão e na lógica, estaria se privando do poder invisível da sua consciência. Consciência é sinônimo de percepção. Nas grandes tradições espirituais, a consciência é considerada um atributo de Deus e, portanto, infinita e onipresente. O divino vê e sabe tudo. É por isso que os sábios da Índia nos instruem a "conhecer a única coisa pelo que tudo é conhecido". Eles estão se referindo à consciência. A mente pensante é apenas a ponta do iceberg.

OS SETE ATRIBUTOS DA CONSCIÊNCIA

Embora você consiga somente pensar em uma coisa de cada vez, sua consciência está silenciosamente trabalhando em muitos níveis. Um líder tira vantagem desse fato ao falar com os níveis ocultos. A consciência nos proporciona os seguintes atributos pessoais, em ordem ascendente:

> *Estabilidade emocional*
> *Automotivação*
> *Coerência*
> *Intuição, insight*
> *Criatividade*
> *Inspiração*
> *Transcendência*

Você talvez reconheça que essas qualidades estão relacionadas às sete necessidades básicas que um líder deve preencher. Os melhores líderes estão sempre um passo à frente na hierarquia das necessidades. Quando o grupo está começando a se sentir seguro e protegido, o líder já está pensando em realização. Quando o grupo está começando a curtir seu sucesso, o líder já está pensando em como estruturar a equipe e assim por diante escada acima. Os melhores líderes estão sintonizados com todos os sete níveis, o que os prepara com antecedência para qualquer situação. Se você aspira liderar com a alma, deverá ter a experiência pessoal desses sete atributos da consciência.

Estabilidade emocional: A consciência é estável e segura por si só, e não precisa de nenhum apoio vindo de fora. Quando você está em contato com essa qualidade, permanece inabalável em uma crise.

Enquanto as pessoas ao seu redor sentem-se inseguras e desprotegidas, você está centrado. No momento de necessidade, você está preparado para aliviar a ansiedade dos que estão ao seu redor, trazendo à tona suas melhores qualidades.

Automotivação: A consciência está imbuída com a qualidade da autorreferência, o que significa que ela encontra tudo de que precisa em si mesma. A partir dessa fonte interior de consciência, a confiança e a energia vêm naturalmente, e o fornecimento de ambas é infinito. Quando você está em contato com essa qualidade da consciência, não tem dúvidas de que o sucesso é possível. Enquanto outros veem perigo, você vê oportunidades veladas. Esta capacidade de desenvolver um caminho para o sucesso o prepara para liderar quando a realização é o objetivo principal.

Coerência: A consciência segue uma ordem e se auto-organiza. Ela recebe fluxos de *input* em estado natural vindos dos cinco sentidos e os transforma em uma imagem coerente para o mundo. Quando você entra em contato com essa qualidade, consegue inspirar outras pessoas a reunirem-se em torno da sua visão – seja para construir um novo centro para adolescentes na sua cidade, reorganizar o bazar de caridade da Associação de Pais e Mestres ou treinar animais para visitar crianças doentes em hospitais, para dar-lhes mais ânimo. No lugar de confusão e conflito, você vê um propósito claro e harmonioso. Esta capacidade faz de você um líder capaz de unir as pessoas em torno da sua ideia.

Intuição, insight: Consciência é sempre observação. É observar a si mesmo lendo estas páginas agora. Porém, ao contrário da torrente de pensamentos de todos os dias, essa consciência está liberta de distorções pessoais; ela vê a realidade em vez de ilusões. Quando você está consciente, entende a situação diretamente, sem ter que pensar demais. O insight vem espontaneamente. Você se torna especialista no trato com as pessoas porque compreende do que elas precisam –

talvez até mais claramente do que elas mesmas. Isso faz de você um líder quando o objetivo é fazer com que cada pessoa se sinta compreendida e ouvida.

Criatividade: A consciência é o ponto de encontro entre o desconhecido e o conhecido. Ela converte possibilidades remotas em novas realidades. Quando você está consciente, permanece confortável na incerteza – prospera com isso, na verdade, pois se dá conta de que a imprevisibilidade faz parte de toda a trama do ser. É a essência da inovação, e você adora explorar e descobrir novas maneiras de fazer coisas. Quando está consciente, consegue liderar as pessoas encorajando-as a ver além das velhas maneiras de fazer as coisas, você pode oferecer-lhes a excitação pura ao mudar suas perspectivas ultrapassadas.

Inspiração: A consciência tem suas raízes no amor, na compaixão, na fé e na virtude. De acordo com algumas das grandes tradições de sabedoria, tudo o que existe surge de um mar infinito de consciência, ou profundo conhecimento. Isso também é verdadeiro com relação às qualidades humanas fundamentais. Nós podemos as perder de vista, mas elas não deixam de estar ali. Ninguém teve de inventar o amor e a compaixão: eles surgem desse mar de consciência. Quando você está consciente, consegue inspirar as pessoas. Consegue ajudá-las a ver o melhor em si mesmas e, ao fazer isso, as encoraja. Em uma época em que as pessoas estão ávidas por transformações pessoais e redenção, você está bem colocado para fazer a diferença.

Transcendência: A consciência, em última análise, não tem limites. Ela existe no mundo, mas vai além dele infinitamente. Todas as grandes tradições da sabedoria derivam de uma realidade maior que é indescritível, mas pode ser vivenciada. Essa é a grande fonte de veneração. Todos os antigos sábios da Índia declaram: "Não se aprende o conhecimento. Você se torna o conhecimento." Quando você tem essa compreensão, sabe o que é transcender. Você não precisa viajar a lugar algum; toda a realidade existe em você. Você exemplifica a plenitude porque está unido a tudo e todos ao seu redor. Você existe para demonstrar que os seres humanos podem atingir o infinito, e apenas sendo quem é, você ajuda os outros a chegar lá.

ELEVANDO O GRUPO

Como líder, você tenta aumentar a consciência do grupo a partir do seu nível presente para o nível seguinte na hierarquia. Esse processo é cumulativo – funciona somente se for construído sobre o passo anterior –, portanto, certifique-se de começar do início. Não aceite nada como fato consumado. Passo a passo você desenvolverá os sete atributos da consciência, conforme segue:

Estabilidade emocional: O aspecto silencioso da consciência nos dá um forte sentido do eu. Quando um grupo está nesse nível, todos sentem-se seguros.

Exercício: Uma das técnicas mais simples para tornar-se centrado usa a consciência do corpo. Peça ao grupo para sentar em silêncio e usar algum tempo para entrar em contato com seu corpo, para relaxar no estado simples de estar fisicamente presente. Peça ao grupo para prestar atenção em áreas de conforto e desconforto.

Uma variação desse exercício é pedir ao grupo que se sente calmamente, tornando-se consciente da sua respiração. Peça às pessoas para prestar atenção, de maneira gentil e tranquila, ao fluxo de inspiração e expiração da respiração. Outra alternativa é tornar-se consciente do coração. Peça-lhes que se sentem calmamente e tragam o foco, de maneira gentil e tranquila, para a área do peito abaixo do esterno. O objetivo aqui não é ouvir as batidas do coração, mas estar em contato com o coração como centro de emoção. Deixe quaisquer sentimentos ou sensações que surjam serem o que são. Se você se sentir constrangido de liderar o grupo dessa forma, pode também mostrar às pessoas este exercício em sessões individuais. Há pouquíssimos grupos que não se beneficiam dessas técnicas para se tornarem mais centrados, além de trazer o benefício de reduzir estresse.

Automotivação: Esse aspecto da consciência inspira realizações. Quando um grupo se eleva a esse nível, todos sentem que têm oportunidades iguais de ser bem-sucedidos.

Exercício: Anuncie que a melhor motivação é trabalhar com os pontos fortes de cada pessoa, e para fazer isso precisamos saber quais são eles. Divida o grupo em duplas, entregue papel e lápis. Peça para que cada um da dupla escreva três pontos fortes que vê na outra pessoa. Para fazer a dinâmica fluir, dê algumas possibilidades: "Meu parceiro é bom em ter ideias, fazer o outro se sentir à vontade, programar e organizar, ser produtivo, cumprir prazos, negociar, persuadir, inovar etc." Se algumas pessoas forem novas no grupo, deixe que escrevam seus próprios pontos fortes.

Depois de cinco minutos os pares devem trocar as listas. Os dois parceiros discutirão agora os pontos fortes que foram anotados. Modifique-os se houver dúvidas ou discordâncias. Depois peça aos pares para redigir planos de ação que poderiam maximizar os pontos fortes discutidos. (Um formato simples seria: "Para usar melhor meu ponto forte, que é _____, sugiro o seguinte: _____.") O objetivo aqui é associar cada pessoa ao que ela faz de melhor, e depois mostrar que você tem intenção de utilizar seus pontos fortes. Essa é uma maneira eficaz de acender a chama da motivação. Quando alguém sente que seus pontos fortes foram reconhecidos e serão colocados em uso, sua motivação em ter um bom desempenho crescerá naturalmente.

Coerência: Este aspecto da consciência transpõe as diferenças. A coesão do grupo significa que todos estão trabalhando conjuntamente e que compartilham os mesmos objetivos.

Exercício: Falando de forma realista, não é fácil conseguir que um grupo fragmentado e dividido trabalhe conjuntamente como um time coeso. Mas você não precisa conseguir isso imediatamente. Peça

A alma da liderança

ao time que se reúna em duplas a partir de uma escolha livre. Cada par trabalhará como em uma sociedade. Não é necessário que tenham as mesmas tarefas, mas compartilharão tudo, desde as coisas positivas (como o progresso que foi feito) às coisas negativas (como as frustrações e obstáculos do caminho). Cada um será, dessa forma, um meio de divulgação e uma fonte de *feedback*.

O objetivo não é designar o trabalho de uma pessoa para duas, mas sim criar um vínculo entre parceiros que se importem um com o outro, se ajudem e saibam compartilhar. Na primeira reunião, cada dupla deve entrar em acordo sobre quais benefícios vão querer obter dessa parceria. Eles devem reunir-se uma vez por dia por alguns minutos se possível, ou pelo menos três vezes na semana. No fim da semana o grupo todo se reúne para um relatório verbal informal sobre como cada dupla está se saindo. A partir daí o grupo pode prosseguir para uma discussão geral sobre como seu objetivo geral está evoluindo. Ao usar pares em vez de tentar construir coerência em um grupo grande, você estará criando vínculos em um nível pessoal maior.

Intuição, insight: Este aspecto da consciência gera empatia. Quando um grupo se eleva a esse nível, cada pessoa sente-se compreendida.

Exercício: Divida o grupo em duplas novamente, colocando pessoas que não são próximas. (Há uma razão para isso.) Na verdade, pessoas que não se conheçam seria a melhor escolha, se possível. Sentando-se com relativa privacidade, cada pessoa diz à outra algo que nunca disse a ninguém. Não deve ser um segredo íntimo ou algo que seja fonte de culpa e vergonha – é mais parecido com algo que está na mente da pessoa e que ela não teve ainda chance de dizer. O passo seguinte é discutir a revelação de cada um. Uma pessoa pode pedir conselho à outra, mas isso não é necessário. O objetivo do exercício é ser ouvido e compreendido.

Como líder, você pode sentir que compartilhar confidências é pessoal demais. Nesse caso, peça para cada dupla completar a seguinte frase: "O que eu quero que os outros entendam sobre mim é _____." A maioria das pessoas ficará feliz em completar esse tipo de frase. Como acompanhamento, reúnam-se mais uma vez em duplas uma semana depois para discutir se cada pessoa sente-se mais compreendida.

Criatividade: Este aspecto da consciência faz o futuro se desenvolver de novas maneiras. Quando um grupo chega a esse nível, ele abarca o novo.

Exercício: A criatividade é um aspecto da liberdade pessoal, portanto, descubra se as pessoas do seu grupo sentem-se livres para deixar a criatividade fluir. Entregue o seguinte questionário, pedindo a cada um para preenchê-lo anonimamente.

QUESTIONÁRIO SOBRE CRIATIVIDADE

Parte 1: Com o intuito de fazer com que nosso time seja mais criativo, por favor responda às seguintes questões circulando Sim, Não ou Neutro.

Sim	Não	Neutro	As regras são flexíveis o suficiente para que eu possa ter espaço.
Sim	Não	Neutro	Sou reconhecido(a).
Sim	Não	Neutro	A pressão para que eu me adeque é mínima.
Sim	Não	Neutro	As coisas não são organizadas demais.
Sim	Não	Neutro	As pessoas aqui se divertem.
Sim	Não	Neutro	As ideias novas animam os que estão no comando.
Sim	Não	Neutro	Ideias novas desenvolvem-se com rapidez.
Sim	Não	Neutro	O risco é equiparado à recompensa.
Sim	Não	Neutro	Posso escolher minhas tarefas com independência.

A alma da liderança

Sim Não Neutro Há espaço para brincadeiras.
Sim Não Neutro Tenho tempo para a vida pessoal.
Sim Não Neutro Eu admiro o que o grupo simboliza.

Parte 2: A partir da lista anterior, enumere por ordem de importância coisas que permitiriam a você ser mais criativo.

1. _____
2. _____
3. _____

Recolha os questionários e conte o número de respostas Sim, Não e Neutro de cada item. Em seguida liste as três escolhas da Parte 2 que tiveram mais votos. Da próxima vez que o grupo se reunir, entregue os resultados para discussão. Você terá uma boa fotografia do quão criativo o grupo se sente. Você também terá uma boa noção de onde as melhoras mais rápidas podem ser feitas.

Inspiração: Este aspecto da consciência promove mudança interior. Quando um grupo se eleva a esse nível, todos os membros sentem que encontraram o verdadeiro chamado.

Exercício: A inspiração mais duradoura vem de dentro. Peça a cada um para sugerir um ídolo ou arquétipo que ache verdadeiramente inspirador e escrever o nome da pessoa. O objetivo é ajudar cada um a expressar as mesmas qualidades daquele arquétipo. Por exemplo, uma qualidade pode ser o amor personificado por Jesus, a compaixão de Buda, a força pacificadora de Gandhi, a sabedoria de Atena, o poder da Mulher Maravilha. Peça-lhes para escrever qualidades específicas de maior valor para eles em seus arquétipos. Peça-lhes que se tornem a encarnação dessas qualidades.

Segue o meu programa pessoal como inspiração. Eu reservei um lugar especial em minha casa para a meditação, e lá me rodeei de imagens do meu arquétipo. (Na verdade eu tenho vários arquétipos, um dos quais é Krishna, a divindade hindu.) Quando termino minha meditação diária, abro meus olhos e olho para essas imagens, focando na fortaleza, amor e sabedoria abrangente de Krishna. Silenciosamente, peço para que essas qualidades cresçam em mim. Tendo em vista que todos os arquétipos são símbolos da consciência, estou usando Krishna para substituir aspectos da minha própria percepção. São os aspectos que almejo aumentar.

Como você pode ver, esse exercício não está diretamente relacionado a um projeto ou objetivo de um grupo. Mas se o seu grupo chegou ao nível onde todos estão revelando sem reservas suas necessidades de uma orientação maior, eles podem compartilhar histórias inspiradoras de crescimento pessoal e seus ídolos queridos. Nesse ponto cada aspecto da consciência está sendo intensificado, pois quanto mais próximo você estiver do nível da alma, mais o poder invisível da consciência poderá beneficiá-lo.

Transcendência: Esse aspecto da consciência promove libertação. Quando um grupo se eleva a esse nível, a iluminação é seu objetivo em comum.

Exercício: Tradicionalmente, as pessoas atingem a iluminação através da disciplina espiritual, mais especificamente através de longos e profundos períodos de meditação. Nada pode ser mais particular. No entanto, três aspectos do caminho espiritual podem ser compartilhados de maneira bastante produtiva:

> *Estar a serviço conjuntamente.*
> *Compartilhar sabedoria conjuntamente.*
> *Tornar-se uma comunidade em espírito.*

Toda tradição espiritual adota essas três práticas, que refletem a mesma coisa: o conhecimento de que cada um de nós é mais do que nossa mente e corpo limitados; somos parte de uma consciência infinita que cria e governa o universo. Portanto cada prática é um modo de ir além do eu pequeno e limitado.

Quando está a serviço das outras pessoas, você as valoriza como valoriza a si mesmo, fazendo da necessidade delas as suas. Quando

A alma da liderança

você compartilha sabedoria – através de leituras e da contemplação das escrituras –, mostra que sua lealdade é para a alma. Quando você se organiza como uma comunidade em espírito, está declarando que viver no nível da alma pode unir as pessoas de forma pacífica a partir de qualquer pano de fundo. O efeito é elevar-se a um nível mais alto de existência, o nível personificado pelos grandes santos e sábios. Eles representam o ponto máximo quando se trata de visionários bem-sucedidos.

A CONSCIÊNCIA PODE TRANSFORMAR

Nada tem maior poder de transformação do que a consciência. Quando você está completamente dentro de si mesmo, as piores condições do mundo não importam. Alguns anos atrás eu peguei um barco para a ilha Robben, que fica na Cidade do Cabo, na África do Sul. Continuamente surrada por ondas do Atlântico grandes o suficiente para partir ao meio qualquer navio que tenha a infelicidade de encalhar nela, essa ilha já foi considerada o lugar perfeito para isolar leprosos. Foi construída uma prisão ali para prisioneiros políticos, um dos quais foi Nelson Mandela.

Em 1964, Mandela foi condenado por sabotagem e por fazer parte de várias atividades do movimento antiapartheid. Ele felizmente escapou de ser enforcado, recebendo em vez disso a sentença de prisão perpétua. Hoje os visitantes podem ver com seus próprios olhos a cela minúscula com o catre de ferro onde Nelson Mandela passou 18 anos de sua vida. O único móvel além da cama era uma mesinha e uma lata coberta que servia como banheiro.

Andando pela área da prisão, que agora está preservada como um memorial ao movimento de liberdade, ainda se pode sentir o ar carregado pela opressão. A vida diária de Mandela foi o que há de pior. Por sua ofensa ser política, e por ser negro, Mandela teve a pior e mais escassa ração como refeição. Nos seus primeiros 15 anos de prisão, antes de lhe darem uma cama, ele dormia no chão. Ele realizou trabalhos forçados em uma pedreira de calcário, e permitiam-lhe uma carta e um visitante a cada seis meses.

Como um grande líder surge de condições tão desumanas? Falar de motivação seria perder o exato sentido. A motivação temporariamente eleva nosso espírito, mas é difícil sustentar. A inspiração é mais durável, e a inspiração de Mandela vinha de sua notável consciência, que ele escolheu desenvolver mais tarde durante seus anos de martírio. Mandela foi para a prisão como um rebelde exaltado que fechou os olhos à violência. Ele ressurgiu 27 anos depois como um homem transformado, ainda firme em suas intenções, mas tendo renunciado à violência e tendo transcendido a armadilha do ódio e da amargura. Guiado por sua consciência iluminada, a Conferência Nacional Africana mudou a ênfase da dominação negra para a criação de um país unido que incluía todas as raças, sem rancor direcionado a qualquer uma delas.

Como pai de uma África do Sul livre, que nasceu sem o banho de sangue que sempre fora anunciado, Mandela subiu à altura de um santo secular. Mas as qualidades pessoais que ele desenvolveu brotaram de uma fonte que todos nós temos em comum: a consciência. Essa é a fonte do insight, do estímulo, da inspiração e da transcendência – todas as qualidades que emergem quando a consciência de um líder se expande. Elas estão disponíveis para você também. As sementes da magnificência foram semeadas em você no exato momento em que lhe foi dada a consciência. Se você seguir o caminho interior usando a verdade e a clareza como bússola, o mundo exterior não terá outra saída senão responder à sua intenção. As respostas exatas podem ser imprevisíveis, mas com o apoio do mundo interior a legitimidade do caminho será provada muitas vezes.

AS LIÇÕES DA CONSCIÊNCIA

- Liderar com a alma significa expandir sua consciência para ir ao encontro das necessidades dos outros. Conforme você

A alma da liderança

se torna mais consciente, poderes invisíveis começam a apoiar sua visão.

- A consciência possui suas próprias qualidades inatas. Uma vez que você as cultiva em si mesmo, pode elevar a consciência daqueles a quem você lidera e serve.
- O objetivo maior da consciência é ser transformado. Além de qualquer desejo específico está a necessidade dominante de tornar-se completamente liberto. Ao atingir esse ponto, sua visão e você tornam-se um só.

O QUE FAZER HOJE

A consciência é inata – você não tem de procurá-la fora de si mesmo. Porém, a consciência expandida deve ser cultivada. Hoje você pode iniciar o caminho para a consciência ilimitada. Os passos são simples, como você verá a seguir. Você não precisa adotar o programa inteiro de uma vez. Volte a esta seção como um guia. De onde quer que esteja começando, o caminho para uma consciência maior está sempre aberto.

SEU PROGRAMA PARA ELEVAR A CONSCIÊNCIA

Pare de lutar.
Ouça sempre sua voz interior.
Medite para alcançar a essência da sua consciência.
Teste seus limites.
Permaneça centrado.
Veja além das suas convicções pessoais.
Reúna informações de todas as fontes.
Aprenda a ter intenções claras.
Valorize a paz interior.

Embora a consciência seja invisível, adotar esses passos fará com que os benefícios da consciência expandida fiquem evidentes muito rápido. Vamos dar uma olhada de perto para cada uma dessas maneiras de expandir sua consciência.

Pare de lutar: O primeiro passo é perceber que a vida não precisa se tornar um grande esforço, e o que faz um líder não é o rigor frente aos obstáculos. Ao contrário, você pode ajudar os outros a ver que é possível encontrar apoio dentro deles mesmos, tirando vantagem da maneira mais sutil, curta e de menor esforço para atingir resultados. Até que você realmente teste um novo modo de fazer as coisas – o modo da consciência expandida –, estará apenas colocando uma fachada nova em crenças antigas.

Ouça sempre sua voz interior: Não importa o quão hábil você tenha se tornado para lidar com desafios; ao final, cada decisão é testada interiormente. Você pode chamar isso de ouvir seus sentimentos ou obedecer àquela voz interior, o processo é o mesmo. Mas nem toda voz interior é a mesma, ou igualmente confiável. Um líder tem de abrir caminho através de camadas de segundas opiniões, estresse, ansiedade, identidade do grupo e um emaranhado de opiniões, tanto de dentro quanto de fora. Somente quando o líder encontra a voz dentro de si, que é quase silenciosa, conseguiu localizar a voz que deve ser ouvida. Comece a descobrir essa voz hoje.

Meditar para alcançar a essência da sua consciência: A prática da meditação tem implicações enormes para a consciência. Aguardar interiormente é um nível do ser silencioso. É a fonte da sua consciência e o útero da criação. Todas as soluções existem aqui, assim como todas as possibilidades. Quando você medita e atinge esse nível, algo mágico acontece. Todos os limites desaparecem. Se você pudesse manter esse estado sem limites permanentemente, atingiria a iluminação, que nada mais é do que estar no estado de pura consciência, onde todas as possibilidades coexistem nesse momento e em todos os momentos. Embora pouquíssimos de nós cheguem a alcançar a iluminação, você ainda pode experimentar esse estado sem limites por um breve período. Cada visita a esse nível da sua consciência refresca sua mente e seu corpo como nada mais poderia.

Teste seus limites: Tornar-se mais consciente é um processo interno, mas isso não quer dizer que seja passivo. Meditar e voltar-se para dentro também pode servir como agentes muito poderosos no mundo exterior. Podem melhorar sua vida de maneira significativa, bem como ajudá-lo a preencher as necessidades dos outros. Quando você sai do estado meditativo e volta à arena de estresse, turbulência, conflito emocional, confusão e competição, faça-o com a seguinte intenção: *Eu quero ver do que sou feito.* Seu modo de ser não é algo fixo. Isso muda todos os dias. Ainda assim, o aspecto essencial da consciência continua o mesmo.

Não estou sugerindo que você se lance em martírios que irão assoberbar sua consciência. Testar significa checar um limite para ver se isso mudou. Até mesmo uma leve mudança é suficiente. Não é preciso superar uma resistência brutal ou provar a si próprio. É bem o contrário, na verdade – o que você está fazendo é expandir sua zona de conforto. Enquanto a consciência se expande as áreas nas quais você se sente forte, confiante e capaz também são expandidas.

Permaneça centrado: Seu centro é seu lugar de poder. Quando você permanece ali, o universo irá canalizar tudo de que você precisa. É como se suas ações fossem superfluidas, um termo usado na física para descrever o estado em que não há resistência ou fricção. Os líderes que lidam excepcionalmente bem com a crise só conseguem se manter calmos se estiverem centrados. E como fazem isso? Em primeiro lugar você precisa sentir como é estar centrado, se é que já não sabe. Como discutimos, a meditação é uma boa maneira de vivenciar esse estado. Estar centrado é algo que acontece naturalmente para todos nós, e você pode reconhecer esse estado seguindo estas indicações:

Sua mente está tranquila. O diálogo mental se foi.
Você se sente seguro e confiante.
Seu estado de espírito é descontraído e alegre.
Você possui uma forte percepção do ser.
Você sente uma energia tranquila, porém intensa, por estar vivo.
Sua atenção está totalmente voltada para o momento presente.

Todas as pessoas experimentam esse estado vez ou outra. Cabe a você cultivá-lo. Então, quando se encontrar em uma situação difícil, quando forças o estiverem empurrando em todas as direções, você pode localizar a zona silenciosa dentro de você com a qual já está familiarizado. Você terá acesso ao seu local de poder, o ponto tranquilo em um mundo em constante movimento.

Veja além das suas convicções pessoais: Quanto mais fortes forem suas convicções, mais restrito é seu ponto de vista. Pontos de vista arraigados demais são sinal de limites restritivos e consciência reduzida. Todos nós abrigamos uma imagem mental de líderes como pilares de uma força que jamais se estremece com relação às suas principais convicções, e em algumas situações, como em guerras ou revoluções políticas, líderes assim podem ser necessários. Mas, no fim das contas, a pessoa que é flexível, que consegue ver a situação por todos os lados e está alerta a mudanças sutis, é aquele que é mais bem-sucedido. Ser capaz de ver além das suas convicções pessoais é um passo vital para verdadeiramente ir além desses limites. Sua atitude deveria ser: "Eu acho que estou certo, mas isso não quer dizer que esteja vendo a situação como um todo."

Reúna informações de todas as fontes: Há uma grande diferença entre ser centrado e ser centrado em si mesmo ou egocêntrico. Quando você está centrado, as informações fluem em todas as direções.

A alma da liderança

Você funciona como um painel de controle, reunindo tantos pontos de vista quanto forem possíveis. Mas quando você é egocêntrico o ego toma o controle. Você fica convencido de que sua ideia deve ser a melhor simplesmente porque é sua. No início essa é uma distinção difícil de se fazer. Muitos líderes temem parecer fracos ou indecisos. Valorizam tanto o fato de serem pessoas decididas que acham difícil aceitar outras opiniões. Mas quanto mais pontos de vista você absorver, mais ampla será sua consciência.

Um grande líder pratica o que parece ser um modo peculiar de alquimia. Escuta todos ao seu redor, absorvendo tudo o que cada um tem a oferecer; mas quando chega a hora de tomar a decisão final ele a endossa com total convicção. Não há mágica nisso, na verdade. Se você está centrado, não ficará abalado com opiniões contrárias; você se tornará mais sensato para lidar com elas. Se não está centrado, o oposto acontece: quanto mais vozes escuta, mais você vacila. Como líder, você deve aprender que, se quiser evitar a indecisão, a resposta não é decidir sozinho e insistir no seu jeito ou nada feito. A resposta é tornar-se aberto a todas as influências, mas não ser controlado por nenhuma.

Aprenda a ter intenções claras: Um bom líder sente-se confortável dando ordens e vendo-as serem executadas. Um excelente líder vai um passo além: ele tem uma intenção, dá passos para realizá-la e depois deixa que o resultado apareça. A ação ainda é necessária. Você simplesmente não faz um desejo e sopra a velinha. Mas por estar no nível mais profundo da consciência, a intenção é algo poderoso. Tendo expressado uma intenção totalmente clara no nível mais profundo da consciência, ou da atenção plena, você espera que as forças da natureza o apoiem, e assim que isso acontecer você obedece aos sinais que a situação lhe envia. Talvez você tenha que fazer pouquíssimo, ou você pode ter que lutar contra adversidades tremendas. Os dois extremos são possíveis. O que está realmente acontecendo, no entanto, é que sua intenção o está levando a um resultado.

Nossa sociedade, que é materialista, não nos ensina que as intenções têm seu próprio poder, embora nos digam sempre para "perseguir nossos sonhos", que é *grosso modo* o mesmo que a intenção clara – a essência de um desejo, ou sonho, que o conduz dia após dia. Além da vaga noção de perseguir nossos sonhos, você deve perceber que as intenções tornam-se verdadeiras quando as seguintes condições estão amadurecidas:

Você deseja com um nível profundo de consciência.
Seu desejo corresponde a quem você é.
Você confia que o universo pode viabilizar os resultados que deseja.
Você deixa que aconteça e não força a situação.
Você pacifica seus conflitos e perturbações internos.
Você permanece alerta para receber uma resposta, ainda que sutil.
Você se sintoniza para descobrir o próximo passo.

Raramente acontece de você inserir uma moeda de um centavo na máquina de doces e ela recompensá-lo com o que você espera (embora às vezes isso aconteça). O caminho para fazer com que qualquer desejo se torne realidade é estar consciente a cada passo do trajeto. Comece a trilhá-lo agora. Pequenas intenções levam ao caminho, mas até os maiores desejos são atingidos com os mesmos passos.

Valorize a paz interior: Na nossa sociedade anunciamos com orgulho a quantidade de café que tomamos, e comemoramos nosso status como se fôssemos viciados em adrenalina. Rodeadas por caos e pressão, as pessoas com frequência confundem excitação com estar verdadeiramente vivas. Não há dúvida de que uma onda de adrenalina pode lhe dar uma injeção de ânimo – por algumas horas. Assim que a onda de adrenalina baixa, entretanto, o corpo e a mente ficam exaustos, e com o passar do tempo, os efeitos negativos do estresse cobram seu preço. Essa estratégia é um beco sem saída para achar que você tem de estar tão amplificado quanto tudo o que o cerca. Ninguém prospera com estresse, não importa o quanto estejamos convencidos do contrário. O estado mais produtivo do ser é a paz. Muitos líderes acham isso difícil de aprender. Eles trocam o presente pelo futuro, jogando-se em situações caóticas com a promessa de que um dia, no futuro, terão tempo para descansar. Isso é como vender a alma ao diabo. A paz está aqui, neste momento, ou não existe. Por paz não quero dizer passividade. A paz não tem nada a ver com letargia ou falta de envolvimento. A verdadeira paz é um estado vibrante. É cheia de potencial, além da expectativa de ótimas coisas por vir. É um momento antes de o nascimento trazer vida nova. O primeiro passo para atingir essa paz é valorizá-la. Estar consciente lhe traz mais daquilo que você valoriza – essa é a regra básica da ampliação da consciência. Portanto, ao valorizar o estado de paz com seu silêncio interior, você o convida a fazer parte da sua vida diária.

Enquanto sua consciência se expande você se torna de grande utilidade para o mundo. Por estarmos muito acostumados a líderes como figuras autoritárias, é difícil aceitar que liderar é servir. Mas isso se tornará quase instintivo, uma vez que você perceber que servir não é sacrificar-se – é a expressão sem esforço do seu estado de consciência. (Lembro-me agora de um aforismo que diz: "Não consigo ouvir o que você está dizendo porque o que você é está me ensurdecendo.") Quem é você? Você é a sua consciência, em cada fibra do seu ser.

4
D = DETERMINANDO-SE A FAZER

Um líder é orientado para a ação. Somente através da ação é possível trazer uma visão para a vida. Mas a visão e a ação devem ser compatíveis; fazer isso requer habilidade. Essa habilidade começa com trilhar o caminho, energizar os outros ao seu redor e recrutá-los à sua missão.

Cada situação evoca a ação certa. Como líder, deve identificar o papel que é esperado de você. Se você está consciente, seu papel o evocará. Visionários bem-sucedidos têm a capacidade de desempenhar qualquer papel — sua flexibilidade vem da flexibilidade infinita da alma.

Fazer é diferente quando você lidera com a alma. Transforma-se em não fazer, o que é o mesmo que permitir. Você se afasta e deixa que sua alma aja através de você, sem esforço, preocupação ou resistência. O não fazer não é o mesmo que não fazer nada. É a maneira mais poderosa de liderar, pois você confia que sua alma quer trazer o melhor resultado possível. Seu papel é sintonizar-se e observar como a vida pode se organizar perfeitamente quando a alma está no comando.

Temos focado no aspecto da visão do "visionário bem-sucedido", mas não pode haver sucesso sem ação. Uma vez que um líder aponta o caminho, espera-se que todos sigam em sua direção. O peso da liderança é que os resultados são sempre imprevisíveis. A reclamação mais comum de se ouvir dos líderes é que a cada minuto do dia eles têm de escolher entre um curso de ação e outro. Isso não lhes deixa quase tempo algum para cultivar o nível mais profundo do eu. Em um mundo onde o futuro não pode ser controlado, entretanto, é temerário ignorar a própria fonte de ação, que é a essência do ser, a alma.

A esta altura você já está bem à frente da maioria dos líderes. Aprendeu o poder oculto do vínculo emocional e sabe o valor de ampliar a consciência. Suas ações, quando estiverem profundamente arraigadas nesses conceitos, virão direto da sua visão. Mas você também terá o desafio de fazer com que suas ações sejam tão eficazes quanto possível. Fazer é uma habilidade. Essa habilidade é baseada em cinco passos que fazem a diferença entre o sucesso e o fracasso. Sempre que você estiver em uma posição de liderança:

1. Esteja orientado para a ação. A atmosfera ao seu redor deve ser dinâmica. Todos no grupo devem se sentir energizados pelo chamado à ação.

2. Aja como um modelo a ser seguido. Esteja disposto a fazer as mesmas coisas que você pede aos outros para fazer. Dessa forma convocará as pessoas a agir. Um líder não precisa desempenhar as tarefas que ele designa; se você puder, no entanto, será uma grande vantagem. Um líder serve como exemplo em doar de si mesmo completamente.

3. Comprometa-se a dar *feedback* de forma agradável e honesta. Mostre que você quer ouvir a verdade, e quando der retorno às pessoas, seja franco, porém positivo. Enfatize as contribuições delas acima de tudo.
4. Seja persistente. Sempre haverá contratempos e obstáculos. O curso de qualquer projeto significativo nunca corre sem percalços. Quando os outros estiverem secretamente preocupados com o fracasso, sua incansável persistência é um poderoso trunfo.
5. Reserve um tempo para comemorar. Toda vez que uma conquista significativa acontecer, crie uma atmosfera de comemoração. Trabalho e nada mais que trabalho irá, com o tempo, esvaziar o entusiasmo das pessoas. Ao celebrar as indicações ao longo do caminho que levarão ao sucesso final, você estará dando a todos o gostinho do sucesso antecipadamente.

Um líder visionário não ficará satisfeito em constituir um time de pessoas competentes e qualificadas. Isso certamente é importante, mas mais vital ainda é mostrar ao grupo – e ao mundo todo – que suas ações são autênticas. Toda vez que você estiver diante de um grupo, afirme a verdade proclamada por Italo Magni, palestrante ganhador de vários prêmios: "Se você falar com a cabeça, falará à cabeça deles. Se falar com o coração, atingirá o coração deles. Se falar com sua vida, atingirá a vida deles."

Você pode colocar essas palavras em prática imediatamente. Reúna seu grupo e, na frente de todos, assuma um compromisso pessoal. Prometa investir tempo, atenção, energia, contato pessoal e capital (se isso for apropriado). Seja específico. Não faça disso um discurso motivacional ou um momento visando publicidade. Seu grupo merece saber exatamente o quanto você está comprometido.

Depois percorra a sala e peça para que cada um assuma seu compromisso. Pergunte em que estão dispostos a investir. Quando todos tiverem feito isso, você terá um plano de ação. Conforme o progresso for ocorrendo, acompanhe o envolvimento de cada um. Persista com todos os recursos que você prometeu investir. Lembre-se de que somente 20% das pessoas no ambiente de trabalho reportam que seus chefes estão dispostos a investir em um relacionamento com eles. Nada é mais importante se você quer recrutar todos para agir.

Certifique-se de que o grupo esteja a par de cada passo do progresso durante o caminho até seu objetivo. Certifique-se de que todos percebam que você valoriza o *feedback*. E certifique-se de que ninguém está sendo deixado de fora do circuito.

A AÇÃO CORRETA EM TODA SITUAÇÃO

Se você está consciente, toda situação lhe dirá que caminho está certo e que caminho está errado. Cada uma das sete situações que temos discutido pede um tipo de ação.

1. *Protetor*: Seu papel é gerenciar a crise. Como modelo a ser seguido, você demonstra confiança e domínio. Você trilha o caminho indo até o centro da crise e ficando ali o quanto for necessário. Procura *feedback* constante para saber se a crise está sendo superada. Sua persistência assegura que cada aspecto da crise esteja sendo cuidado, inspecionando possibilidades não previstas. Depois que a crise passou, seu time comemora envolvendo aqueles que foram salvos de ameaças, levando-os a um sentimento de segurança e liberando a tensão e o estresse que toda crise cria.

2. *Realizador*: Seu papel é o de motivar. Como modelo a ser seguido, você é o vencedor, aquele que compete de maneira bem-sucedida. Você dá o exemplo trazendo recompensas tangíveis ao grupo todo, e não apenas para si. Procura por histórias de sucesso, mas também está alerta às coisas que as pessoas estão menos dispostas

a compartilhar: suas dúvidas e obstáculos que bloqueiam o caminho para o sucesso. Você persiste frente à competição e adversidades, que são inevitáveis. Encoraja o grupo a perceber que cada desafio pode ser vencido. Quando finalmente o sucesso é atingido, você comemora compartilhando os créditos e as recompensas, chamando a atenção para a contribuição de cada um e permitindo que a exultação tenha o seu dia.

3. *Formador de equipe*: Seu papel é ser negociador. Como modelo a ser seguido, você convence o grupo de que apoia objetivos compartilhados, em vez de rivalidades e discórdias. Dá o exemplo sendo justo e imparcial, não mostrando favoritismos. O *feedback* que você procura é entendimento. Desentendimentos são inevitáveis e você permanece alerta por fissuras em potencial no grupo para que possa saná-las antes que se transformem em rachaduras. Você persiste em reconciliar diferenças, mesmo que cada lado possa ser teimoso e arraigado em sua posição. Ao atingir a união do grupo, comemore relaxando com todos fora do trabalho, descobrindo uma atividade que possam gostar de fazer juntos. Deixe o grupo sentir sua solidariedade sem a pressão de um prazo para cumprir.

4. *Orientador*: Seu papel é o de conselheiro. Como modelo a ser seguido, você expressa empatia e compreensão a qualquer um que venha até você com um problema ou necessidade. Você trilha o caminho sem nunca julgar: sua empatia é extensiva a todos, pois todos passam por fases difíceis. O retorno que procura é qualquer sinal de que as pessoas sintam-se ouvidas e compreendidas. Por outro lado, também está alerta a qualquer um que pareça desmotivado ou alienado do grupo. Persiste fazendo um acompanhamento das pessoas que precisam de você, observando de perto como estão se saindo e comprometendo-se a construir um relacionamento real. A comemoração acontece com uma pessoa de cada vez, quando você é capaz de compartilhar as alegrias íntimas do outro, seguindo em direção à cura.

5. *Inovador*: Seu papel é o de catalisador. Como modelo a ser seguido, você encoraja novas ideias e mostra que fica confortável com o desconhecido – na verdade, isso o anima. Dá o exemplo criando espaço para a criatividade florescer e nutrindo o primeiro desabrochar de uma descoberta promissora. O retorno que você busca é qualquer sinal de mudança. Você se mantém antenado aos sinais de progresso, afastando o grupo da falta de perspectiva e de horizontes não promissores. Quando a mudança tiver sido feita, você comemora valorizando como grupo a beleza e a alegria de serem pioneiros.

6. *Transformador*: Seu papel é inspirar. Como modelo a ser seguido, você exemplifica um chamado superior, e sua voz amplifica a voz interior que chama cada pessoa a ser transformada. Você dá o exemplo sustentando os valores que prega. O retorno que procura é qualquer sinal de mudança interna em seu grupo – um grupo que poderia ser do tamanho de uma sociedade inteira. Você está alerta para evidências de que as pessoas estão desempenhando o seu melhor. Persiste mostrando compaixão, não importando o quanto seu grupo retroceda ou mostre fraqueza. As comemorações lideradas por você são com frequência rituais de agradecimento e veneração. O grupo torna-se unido como crianças cheias de energia.

7. *Sábio e visionário*: Seu papel é pura luz. Você chegou ao estado mais alto de consciência. Como modelo a ser seguido, você é uma alma purificada. Dá o exemplo emanando as qualidades próprias do ser – amor, verdade, paz e um conhecimento profundo. O que faz é praticamente irrelevante. Seu *feedback* é nada e tudo: o sábio aceita que cada pessoa está seguindo um caminho único que deve ser respeitado. Você persiste compreendendo a natureza humana em qualquer aspecto. Comemora unindo-se ao Um, o campo do puro ser que é a fonte de tudo. As pessoas comemoram absorvendo sua paz e alegria interior.

Como a natureza humana é complicada, depende de você identificar o papel que precisa desempenhar. Se está preparado no nível da mais profunda consciência, cada papel está disponível a você. Os líderes mais poderosos da história, como Gandhi, Churchill e Lincoln, preencheram todos os sete papéis, a chave da sua grandiosidade.

Toda situação pede uma resposta flexível, mas alguns valores não podem ser comprometidos se você quer desempenhar seu papel com sucesso. Esses valores vêm de dentro. Sem eles, um líder será dilacerado pelos conflitos que o bombardeiam por todo lado. Não exiba um ego tão forte que o impeça de ser flexível. Saiba quando é desejável ser flexível e quando não.

O que não é negociável

Protetor: Não desistirei de ser centrado. Se eu não me sentir forte e seguro por dentro, não conseguirei gerenciar a crise que se aproxima.

Realizador: Não desistirei da minha autoconfiança. Se sentir que não vou ter sucesso, não conseguirei motivar os outros a terem sucesso.

Formador de equipe: Não desistirei da minha imparcialidade. Se não tratar todos de forma justa, não conseguirei persuadir as pessoas a aceitar suas diferenças.

Orientador: Não desistirei dos meus insights. Se eu não conseguir ver por baixo do que está na superfície para descobrir como as pessoas realmente se sentem, elas não se sentirão compreendidas.

Inovador: Não desistirei da minha curiosidade. Se não estiver aberto a todas as possibilidades, não poderei liderar o caminho para novas possibilidades.

Transformador: Não desistirei das minhas visões morais. Se não estiver inspirado, não poderei liderar as pessoas para um modo de vida superior.

Sábio e visionário: Sou único porque não há nada para desistir. O universo traz todas as coisas e as leva de volta novamente. Ao manter-me conectado com o ciclo da criação e destruição, eu abarco ambos.

Esses valores internos serão seu apoio nas situações mais difíceis. Eles não são negociáveis, pois fazem parte de você. Desistir deles seria como arruinar a si próprio. A maneira mais eficaz para saber se você verdadeiramente se encaixa no papel que está desempenhando é estando totalmente seguro com relação ao que você estará se comprometendo e ao que não estará.

AJA COM INTELIGÊNCIA

Mesmo ao desempenhar seu papel, há alguns segredos específicos para que a ação seja bem-sucedida. Lembre-se, não é o quanto você consegue se encaixar no seu papel que irá determinar sua grandiosidade como líder. O teste definitivo é a ação correta, a que é clara e decisiva, e leva ao resultado pretendido. Imagine que você está no comando para lidar com uma emergência, como o furacão Katrina ou um vazamento gigantesco de óleo. Sendo a pessoa no comando no local com sua equipe, você deve tomar uma ação decisiva no período mais curto de tempo. Três caminhos estão abertos a você.

A: Você estabelece uma corrente de comando com Washington. Seu manual contém procedimentos aprovados para lidar com esse tipo de emergência. Embora haja caos por todo lado, você aguarda ordens dos seus superiores. Você tem trabalho a fazer, mas há uma forma certa de fazê-lo. Ao preocupar-se consigo mesmo e com seu emprego, você não está agindo errado: está sendo leal aos poderes que estão acima de você.

B: Você se mantém em movimento, acessando a emergência e vai até os piores pontos para levar ajuda onde ela é mais necessária. Você entra em contato com Washington regularmente, mas assume a maior responsabilidade. Esse é o seu show, seja como for que ele termine. Como um general comandando suas tropas, você dá ordens de maneira decisiva, esperando que sejam obedecidas. Graças à confiança que os superiores colocam em você, você jamais perde o controle da situação.

C: Você visita a cena da destruição diariamente, mas de maneira diferente fica parado. Delega autoridade entendendo que seus tenentes devem estar dispostos a tomar decisões difíceis por conta própria. A cada passo você acessa a melhor pessoa para solucionar um dado problema. Improvisa seus métodos e não hesita em arriscar, pois sabe que emergências pedem as maiores façanhas, e essas não acontecem sem risco. Você define objetivos e prazos quase impossíveis, e de alguma forma eles são cumpridos.

Esses três estilos de ação podem parecer muito familiares. Em uma época de constante cobertura da mídia, o público vê como se lidam com emergências. O primeiro tipo de líder (um membro da equipe que jamais quebra as regras) pode ser automaticamente diferenciado do segundo tipo de líder (que responde com um intenso comprometimento pessoal e monitora a crise por conta própria no local). Mas o terceiro líder não é tão facilmente localizado porque toma atitudes imprevisíveis e espontâneas. Ele faz mais do lado de dentro do que do lado de fora. E pode estar extremamente envolvido ou igualmente desprendido, conforme seu guia interno lhe peça para ser.

Esse tipo de líder conscientemente escolheu como irá agir. Seja qual for a emergência, ele trabalha a partir de uma base de consciência. Suas ações são as mais inteligentes das três porque ele vai além da sua própria perspectiva, tentando compreender a emergência de tantos pontos de vista quantos forem possíveis, e depois absorvendo o quadro total. A inteligência é uma qualidade da consciência. É pessoal, na medida em que uma pessoa pode ser mais inteligente que outra. Porém, essa é uma distinção limitada. Um grande líder não tem que possuir o QI mais alto do grupo. Seu talento é agrupar o máximo de inteligências possível, atingindo todas as direções.

Podemos descrever seu método usando o acrônimo SMART, inteligente, que se aplica a cada situação de liderança, e não apenas a crises e emergências. Não importa o papel que desempenhe, você pode agir com inteligência.

- **S** – Saiba estender o entendimento do grupo com relação à situação para que as pessoas possam ver que uma visão está em jogo e pode ser concretizada. Evite a repetição e a rotina.

- **M** – Meça cada passo na direção de atingir o objetivo. Objetivos mensuráveis são tangíveis, visíveis. A informação é compartilhada e conhecida pelo grupo todo. Evite ser impreciso e vago.

- **A** – Acordo deve ser a base das decisões. Siga adiante com o consentimento de todos os que estão participando. Evite ações unilaterais e regras arbitrárias.

- **R** – Registre o progresso que está sendo feito. Faça com que todos saibam que cada um faz parte de uma história que está se desenvolvendo, uma jornada. Evite procedimentos ao acaso e sem sentido.

- **T** – Tempo deve ser estabelecido para o objetivo. Esses limites de tempo não são restritivos; libertam cada membro a encontrar seu ritmo pessoal enquanto estão conscientes de uma data definida. Evite planejamentos sem limite de tempo.

Ao decidir conscientemente a agir com inteligência, você evita duas grandes armadilhas de liderança inadequada. A primeira é o ego, a dependência de si mesmo como a única autoridade, o centro das atenções, a pessoa que tem de estar certa. A outra armadilha é a falta de entendimento da situação. A inteligência existe em todos os lugares do universo, em cada célula do nosso corpo e em todas as pessoas. Portanto, o modo mais natural de acessar esse campo é ampliando seu olhar – quanto mais longe você joga sua rede, mais você conhecerá.

Uma boa parte depende de tomar a atitude certa em vez da errada. A diferença não está no futuro incerto, mas em você e na autenticidade da sua visão. Você é a fonte. Com você e em você, a fagulha está acesa. Por esse motivo sua posição é única no grupo todo. Para ter certeza de que você está agindo verdadeiramente com a alma, onde todas as ações corretas têm início, faça sempre essas perguntas a si mesmo:

> *Suas ações simbolizam o que o grupo representa?*
> *Você executa as ações que sua visão demanda?*
> *Sua ação corresponde às necessidades que estão sendo expressadas?*
> *Você está fazendo o que prometeu a todos que iria fazer?*
> *Você está colocando de lado a resistência que está no caminho de toda intenção?*
> *Você está assegurando a alegria e a satisfação que são resultado da ação bem-sucedida?*

O LADO ESPIRITUAL DO FAZER

O sinal clássico de que a pessoa está liderando com a alma é que ela para de lutar e deixa a vida se desenrolar. Nas tradições espirituais orientais esta abordagem é chamada às vezes de "não fazer", que é considerada mais poderosa que o fazer. Você na verdade

A alma da liderança

pode realizar mais com menos quando pratica o não fazer. O não fazer está longe de ser não fazer nada. Imagine que você está em um evento esportivo, como um jogo de futebol ou beisebol. Um momento excitante acontece – um passe no último minuto para o gol ou uma bola alta rebatida voando em direção à cerca. No campo, o receptor ou o defensor do jardim externo sabem que tudo depende deles. Seu corpo e mente estão no pico de alerta. As ações ocorrem de maneira tão rápida que a diferença entre o sucesso e o fracasso é uma questão de milésimos de segundos.

Em situações como essa, os atletas reportam que às vezes eles adentram "a zona" da mente. Apesar da tensão do momento, eles se sentem extremamente relaxados. O barulho ensurdecedor da torcida desaparece e é substituído pelo silêncio. O jogador sente-se calmo e sabe, com total certeza, que pegará a bola. Algumas vezes ele sente como se estivesse observando suas ações, como se estivesse totalmente fora da cena, e a bola está destinada a chegar ao lugar exato no espaço e no tempo. Os espectadores nas arquibancadas não veem sinal algum de que o jogador está nessa zona. O exterior permanece o mesmo, mas a experiência interna está dramaticamente transformada. O esforço transformou-se em consentimento. O fazer cruzou uma linha invisível para tornar-se o não fazer.

Estar nessa zona é algo imprevisível, mas você pode aprender a preparar o terreno para isso acontecer. Algumas vezes forçamos nosso corpo a um esforço extremo, mas na maioria das vezes nos mantemos à parte e deixamos o corpo fazer o que ele faz normalmente. O coração, os pulmões, os rins e o cérebro não operam de maneira menos eficiente quando não interferimos. Na verdade, se você se preocupa com a sua pressão arterial, é provável que ela suba. Se tentar se esforçar para lembrar uma palavra, é menos provável que você consiga. Há um equilíbrio sutil entre deixar a inteligência do corpo operar por si própria e assumir o controle. Os ensinamentos orientais sobre o não fazer acreditam que da mesma forma que você pode colocar-se à parte com relação a controlar o corpo, pode não interferir com relação a controlar sua vida. Sua vida ainda funcionará muito bem se você não controlá-la. Ela irá fluir, desenvolver-se, crescer e evoluir. Ao consentir, você se torna testemunha do que sua alma quer, e por confiar em sua alma, o que ela quer entrosa-se perfeitamente com o que você quer. Quando essa fusão acontece, estar nessa zona da mente não é uma questão de momentos mágicos no campo de jogo. É um modo de vida.

Um visionário bem-sucedido atingiu o estágio onde não fazer é natural. Tendo tido a experiência de como é deixar a vida se desenrolar por conta própria, ele possui uma grande vantagem. Sua abordagem de liderança pode evitar o esforço exagerado, a preocupação, o estresse e o controle que põem abaixo tantos projetos cultivados com carinho. Deixar que sua alma faça o trabalho é a maneira mais eficaz de liderar, e também a mais espiritualizada. Particularmente, quatro princípios operam no nível da alma:

A consciência tem poder organizador.
A consciência traz enormes avanços à criatividade.
A consciência move-se na direção do crescimento.
A consciência cria a ordem a partir da desordem.

Agora em vez de usar a palavra *consciência*, troque-a pela palavra *eu*. Esses quatro princípios existem através de você. Você os ativa. Esse é o verdadeiro significado de agir como a alma do grupo. Permitir que sua alma atue através de você abre um caminho que faz com que as pessoas que trabalham com você consigam ativar suas próprias almas. No entanto, quando você se esforça em demasia, se preocupa e tenta estar no controle, bloqueia a influência da alma. Um visionário bem-sucedido dá passos úteis para garantir que isso não aconteça. Para cada um dos quatro princípios há o "fazer" e o "não fazer" bem definidos.

A alma da liderança

A consciência tem poder organizador.

Fazer: Deixe que os acontecimentos se tornem mais claros. Quando algo emperra, primeiro adote a atitude de esperar para ver. Tome uma atitude quando sentir que as coisas estiverem mais claras e você estiver centrado. Permita que as outras pessoas sigam seu modo natural de fazer as coisas. Tolere abordagens variadas. Confie que sua alma tem um plano, e mesmo que você não consiga ver isso completamente, saiba que tudo terá o seu desenrolar da forma como deve ser.

Não fazer: Não planeje excessivamente. Quando fizer um plano, deixe espaço para mudanças. Não imponha um modo certo de fazer as coisas. Não tente definir cada detalhe com antecedência. Não se preocupe com o desconhecido – ele contém as situações mais criativas. Não carregue o fardo de saber tudo com antecedência. Quando estiver com dúvidas, não pense demasiadamente e não se apresse para controlar as coisas.

A consciência traz enormes avanços à criatividade.

Fazer: Espere o inesperado e fique confortável com isso. Peça para si mesmo novas soluções, e depois deixe a mente livre para que essas soluções tenham tempo de gestar dentro de você. Confie que sempre haverá uma resposta. Enxergue além do nível do problema: a solução está quase sempre em outro nível. Confie em sua intuição. Siga seus pressentimentos e aprenda a valorizar para onde eles o levarão – encontros ao acaso são sempre os mais produtivos. Mantenha contato com pessoas cujas mentes trabalham de maneira bem diferente da sua, e preste atenção ao que elas dizem, com seus pontos de vista únicos. Tenha um diário de *brainstorms* e, melhor ainda, deixe sua imaginação voar em seu diário.

Não fazer: Não fique repetindo a mesma abordagem fracassada. Fazer mais daquilo que não funcionou não o levará aonde você quer chegar. Não fale apenas com aqueles que já concordam com você. Não esteja fechado a ideias loucas e sonhos excêntricos – eles podem levar a progressos inesperados. Não esqueça de que você é a fonte de infinita criatividade, esperando para ser explorada.

A consciência move-se na direção do crescimento.

Fazer: Confie que o crescimento é infinito, pois a consciência não tem limites. Trate a vida como uma sala de aula onde todo dia é o primeiro dia de aula. Se tiver escolha, seja o último de uma classe que está à sua frente em vez do primeiro em um grupo que está mais atrasado. Almeje a conquista mais alta, e seja guiado passo a passo a partir da essência do seu ser. Para ativar o crescimento, acrescente um fertilizante na forma de energia, atenção e paixão.

Não fazer: Não pense que chegou ao fim. Há sempre outro passo da evolução esperando por você. Não assuma que sabe a história inteira – há sempre outra página para virar. Não estabeleça objetivos fáceis. Não se acomode com o suficiente.

A consciência cria a ordem a partir da desordem.

Fazer: Confie que tudo tem uma razão. Descubra qual é essa razão, em vez de focar no caos. Mantenha a mente aberta para a visão maior que está emergindo. Fique em contato com o significado e o propósito do seu trabalho. Lembre-se do bem maior por trás de um dia difícil. Conforme novos níveis de sucesso se desenvolvem, almeje ainda mais. Há infinitos arranjos na Natureza, portanto qualquer ordem de complexidade pode ser organizada sem esforço.

Não fazer: Não lute contra a desordem. A criação usa a desordem para provocar novas respostas. Não imponha um tipo de organização arbitrária ou rígida. A ordem imposta pela mente é feia comparada à ordem bela que a Natureza desenvolve. Não acrescente estresse à situação. Não coloque resistência às mudanças só porque você se sente desconfortável: esteja aberto à nova ordem que quer emergir.

Se você adotar esses princípios descobrirá que permitir tem um poder tremendo. Em vez de tentar imaginar cada passo da sua jornada pessoal, você pode deixar que sua alma revele o que é preciso em seguida. O que é preciso depois não pode ser previsto. Você sabe o dia e a hora da sua próxima ideia brilhante? Novamente, isso não é o mesmo que não fazer nada. Sua alma pode lhe dizer para pular para a ação; pode lhe dizer para esperar e ver ou nenhuma delas. O ponto é que a consciência flui para onde ela é necessária. A alma envia a mensagem adequada ao momento.

Por trás do mistério do não fazer está uma verdade simples e profunda: sua alma quer cuidar de você completamente. Todos os verdadeiros líderes abraçam essa verdade porque em seus corações os líderes querem servir. Sua maior realização está em trazer realização aos outros. Portanto fazer e não fazer, embora soem como opostos, na verdade se fundem. O não fazer o traz para perto da sua alma. Nesse nível, tudo o que você fizer servirá ao propósito mais elevado da vida, ao bem-estar do grupo e à sua missão pessoal.

AS LIÇÕES DO FAZER

- Liderar com a alma significa fazer o que é certo no nível do ser. Suas ações estão fundamentadas na consciência. Vindo de um nível mais profundo, suas ações são apoiadas pelo universo.

- O papel que um líder desempenha depende da situação e de suas necessidades. Se sua consciência estiver expandida, você poderá preencher todos os sete papéis que estão relacionados às sete situações básicas que a vida traz.

- Em termos espirituais a forma mais elevada de fazer é o não fazer, ou permitir. Essa é a ação que vem direto da alma. No estado do não fazer você testemunha o desenvolvimento do seu ser conforme ele direciona cada passo que o levará a seus objetivos mais elevados.

O QUE FAZER HOJE

Como líder, você será julgado pelas suas ações, e o passo que precede toda ação é a tomada de decisão. Você pode aumentar suas chances de tomar a decisão correta estando mais consciente. A decisão que o leva na direção certa dá origem a um sentimento diferente, uma atmosfera diferente e uma percepção diferente das outras pessoas do que pode estar errado. Isso refere-se ao tempo em que a decisão está sendo tomada. Se você se sintonizar no modo como o processo está ocorrendo, ficará consciente da diferença.

Decisões que terminam por serem bem-sucedidas têm certas características em comum. Hoje se você se encontrar tendo que tomar uma decisão crítica, ou mesmo se estiver ponderando alguma num futuro próximo, faça a si mesmo algumas perguntas simples:

Essa decisão parece correta?
Ela é justa e honesta?
Posso confiar no que estão me dizendo?
Onde está a armadilha?
O desafio é grande demais para mim?

Se você olhar para as decisões ruins do seu passado, verá que não se perguntou ou respondeu a essas questões adequadamente. Em algum lugar do processo de tomada de decisão você começou a se enganar – como incontáveis pessoas já fizerem antes de você, em todos os níveis de liderança. Você se deixou levar pela ilusão, em vez da realidade, porque estava desconectado do seu verdadeiro eu, da essência dos seus verdadeiros valores e propósitos. Isso não precisa acontecer novamente.

O ambiente que cerca uma boa decisão tem seu próprio conjunto de fatores para indicar que você está em sintonia com sua alma. Examine a lista a seguir e veja se suas decisões atuais, sejam grandes ou pequenas, estão tendo apoio no nível do ser.

VINTE ELEMENTOS DA DECISÃO CORRETA

1. Você está otimista.
2. Você não se deixa levar pela falta de objetividade.
3. Você não está obsessivamente preocupado com o que pode dar errado.
4. Você consegue pesar os riscos sem medo injustificado.
5. Você não está culpando ninguém por erros do passado.
6. Você não sente necessidade de pedir garantias constantemente.
7. Você quer que o grupo faça o que for melhor para todos.
8. Você avalia as críticas com distanciamento e imparcialidade.
9. Você decide assumir riscos moderados.
10. Você confia que há sempre uma solução aguardando para ser descoberta.
11. Você encoraja o pensamento independente.
12. Você não fica obcecado com detalhes insignificantes.
13. Você ouve o maior número de pessoas.
14. Você percebe que a melhor maneira de agir é única em cada situação.
15. Você faz julgamentos honestos sem ser cruel.
16. Você mantém o foco sem distrações.

17. Você elogia quando alguém faz contribuições positivas.
18. Você estabelece regras razoáveis que ofereçam poucas restrições.
19. Você é modesto com relação à sua autoridade; você não faz com que as pessoas se sintam insignificantes.
20. Você participa com entusiasmo genuíno.

Se todos ou a maioria desses elementos estão presentes, sua tomada de decisão será altamente consciente – você está sintonizado. Se poucos desses elementos estão presentes, sua tomada de decisão estará indo na direção de bloqueios e resistências. Até que você tenha mais clareza internamente, suas escolhas estarão muito confusas para serem confiáveis.

Então hoje, se você consegue perceber que o ambiente não está bom, adie tomar qualquer decisão até que tenha encontrado o lugar dentro de si que é claro, coerente, calmo e autoconsciente. O segredo, como sempre, é que toda situação começa dentro de você e reflete onde você está nesse momento. Confie que sua alma quer o melhor para você e que, com a consciência expandida, você poderá infalivelmente achar o caminho certo. Quando as condições "aqui dentro" estiverem acomodadas e claras, os resultados "lá fora" naturalmente seguirão o mesmo curso.

5

E = EMPOWERMENT OU FORTALECIMENTO DO PODER

O empowerment, ou fortalecimento do poder, é o fruto da ação bem-sucedida. O fazer e o poder caminham juntos, pois sem o poder para sustentar sua visão através das dificuldades e oposições, sua visão definhará. Isso não tem a ver com o poder do ego, que é comandado pela exigência do "eu e meu"; você está fortalecendo o poder das pessoas ao mesmo tempo em que fortalece o poder em si mesmo.

A crença de que o poder não é compatível com a espiritualidade é equivocada. Sua fonte traz um campo de infinitas possibilidades. Junto com todas as possibilidades está o caminho para a realização. Sua alma desenvolve as duas ao mesmo tempo. Seu poder é validado pelo que você quer manifestar como realidade.

Há um lado negro com relação ao poder, entretanto, conhecido como sombra. É onde a raiva, o medo, a inveja, a ganância e a agressão criam problemas para os líderes, desvirtuando suas boas intenções e manchando seus ideais. Você tem de estar consciente da sua sombra, e depois desarmá-la integrando a escuridão à luz. Quando transcender a necessidade do bem e do mal, da luz e da escuridão guerreando uma contra a outra, o poder da alma será totalmente seu. Esse é o poder da plenitude.

Todo líder precisa ter poder, embora nada possa trazer mais problemas. Fazer sem ter poder não é uma opção. Se lhe falta poder para atingir seus objetivos, sua visão permanecerá inerte. Você precisa ser realista sobre como funciona o poder antes de se fortalecer de maneira bem-sucedida, e depois descobrir como dar mais poder às pessoas, que é o que um líder pode fazer de melhor. O uso do poder está intrincado com o seu mau uso.

Visto através das lentes da história, o poder segue certos princípios, bem ilustrado por líderes antigos e modernos.

- O poder se acumula. Quanto mais um líder tem, mais a ele virá.

- Os poderosos sobem para depois cair. Quanto mais alto um líder sobe, mais inevitável é sua queda.

- O poder corrompe. Líderes que iniciam fazendo o bem terminam fazendo o mal.

- O poder é excepcional. A pessoa comum, voluntariamente ou não, entrega seu poder aos caçadores de poder e é deixado sem nada.

Esses princípios são representados todos os dias, e não é necessário o enorme palco da história para vê-los em serviço. Desde muito cedo as crianças são vistas dividindo-se entre intimidadores ou vítimas, os generosos e os que querem levar vantagem, os fortes e os submissos. Os psicólogos nos dizem que papéis relacionados ao gênero são determinados no início da infância: os garotos aprendem como exercer poder, e as garotas aprendem como recorrer ao poder sendo atraentes e complacentes. Mas fazer simples afirmações sobre crianças pequenas pode levar a controvérsias. Ninguém quer que lhe digam que ela está entre as submissas, em vez das fortes, ou que ser uma menina leva a desempenhar um papel menor do que ser um menino. O poder sempre foi problemático. Liderar com a alma significa solucionar essas questões problemáticas tendo uma abordagem consciente em relação a elas. Com a consciência expandida, vê-se que os padrões de poder não são fixos ou inevitáveis. Cada um dos quatro princípios pode ser revertido e transformado em algo muito mais humano.

O poder se acumula: Para reverter esse princípio, renuncie ao poder pessoal para o poder transpessoal. O poder transpessoal pode ser encontrado em todas as pessoas. Ele é baseado na empatia, compaixão, imparcialidade, e pode ir além do ego para encontrar sua identidade mais profunda.

Os poderosos sobem para depois cair: Para reverter esse princípio, ancore-se no ser, que é estável e sempre presente. Sua energia movimenta o universo no nível do campo quântico, o ponto de partida invisível de todas as coisas visíveis. Aqui todas as possibilidades são iguais. Quando você consegue extrair o potencial máximo de qualquer situação, seu poder será estável, sem o risco de subir alto demais ou cair.

O poder corrompe: Para reverter esse princípio, aprenda com sua sombra e transforme essa influência negativa em algo positivo. Há um lado negro em todo papel de liderança; quando você não está consciente disso, o lado negro leva à corrupção pessoal. Ainda assim, as energias da sombra, como a raiva, o ressentimento, o egoísmo, a ganância e a inveja, estão entrelaçadas na vida como um todo. Elas representam o aspecto destrutivo na Natureza, sem a qual a criação não emergiria. Se você fizer um uso criativo da sombra, que é seu propósito maior, o poder não o corromperá.

O poder é excepcional: Para reverter esse princípio, dê poder aos outros mostrando-lhes que eles são iguais a você. Na realidade, o poder é universal. A mesma energia, criatividade e regularidade estão presentes em um átomo e uma galáxia, uma bactéria unicelular e no cérebro humano. Somos enganados pelas aparências e não percebemos o nível oculto e invisível de onde vem o poder. Se você compartilha esse conhecimento, pode emancipar outras pessoas a ativar a fonte de poder nelas mesmas. Portanto todos somos excepcionais, e não apenas alguns.

Quando tiver revertido os quatro princípios, você estará totalmente fortalecido. Delegar poder não é um fim desejável em si mesmo, no entanto. Embora não ter poder traga muitos problemas, fazer mau uso do poder também traz. Você deve consolidar uma ligação entre o poder e valores mais profundos. Olhamos ao nosso redor e vemos um mundo onde todo tipo de horror existe por causa da tirania, da força militar e da opressão aos mais fracos. Você pode ser uma força que faça oposição a esses problemas, mas deve estar disposto a confrontar o poder de forma consciente, aqui e agora.

PESSOAL OU TRANSPESSOAL?

O primeiro princípio que queremos reverter é "o poder se acumula". Para muitos líderes isso oferece uma terrível tentação, pois eles são motivados pela necessidade de estar no comando, em controlar, em tomar todas as decisões. Essa visão pode ter boa intenção – todos os tiranos dizem a si mesmos que estão servindo a um bem maior –, mas ser bom ou mau não é a questão. A questão é o ego, que não precisa de nenhuma desculpa para ganhar mais para si. Quando o "eu e meu" dominam, o líder identifica-se com posição e status. O ego é inseguro por natureza, portanto é impossível ser forte sem enfraquecer os outros. O ego enxerga que toda competição possui vencedores e perdedores, e se a glória vai para o vencedor, a vergonha vai para o perdedor.

A alma da liderança

Antes que o ego o mine, fundamente-se no poder transpessoal. O poder transpessoal não se baseia no ego. Ele existe igualmente em todos. *Transpessoal* literalmente significa "além do pessoal" ou "que pertence a todos". Para inspirar-se em qualidades universais, você como líder torna-se o primeiro entre os iguais. Você foi colocado em destaque ao personificar melhor o que todos desejam. Em vez de tornar-se uma ameaça, seu poder inspira as pessoas. Você está exercitando o poder transpessoal quando traz para os outros as coisas mais desejadas universalmente. Quando perguntaram a milhares de pessoas o que mais queriam de um líder, quatro desejos encabeçavam a lista: confiança, compaixão, estabilidade e esperança. Quando seu poder vem de suprir tais desejos, então ele passou de pessoal para transpessoal.

Confiança: As pessoas querem confiar em seus líderes, querem estar seguras de que não serão manipuladas e iludidas. Confiança é um laço invisível que diz: "Eu não posso ver o que você está fazendo. Não posso controlar ou examinar seus passos, mas isso não importa. Minha confiança é o suficiente." As pessoas precisam confiar que seus superiores são competentes e que podem contar com eles para manter sua palavra.

Ao ser aberto com todos e não ter segredos, ao descrever as situações realisticamente e fornecer evidências de que está dando passos práticos para enfrentar qualquer desafio, você demonstra que, como líder, todos podem confiar em você com relação ao poder. Um líder que não inspira confiança faz o oposto: é obcecado com segredos e com vazamento de assuntos confidenciais. Ele lembra ao grupo que deve ser temido. Conta a história que o manterá no poder, em vez da história verdadeira.

As ferramentas para construir confiança são honestidade, franqueza e competência.

Compaixão: A compaixão faz as pessoas sentirem-se cuidadas. Ela extrai o humanitarismo comum a todos e evita que o grupo se desintegre. Quando as dificuldades surgem, há sempre uma dúvida entre o "cada um por si" e "temos que nos unir". A empatia entra em guerra com o egoísmo. Um líder pode resolver esse conflito por meio da compaixão, uma palavra que significa "sofrer com". Ao demonstrar que sente a dor de todos, você inspira o grupo a se unir. Cada um é motivado a sentir compaixão pela pessoa sentada ao lado. Quando você sabe como é sentir-se no lugar do outro, não há outra opção senão respeitar.

A empatia não tem relação apenas com a dor. Você sente alegria pela vida da outra pessoa também. O sucesso deles é o seu, e vice-versa. Quando você sente empatia, fecha o espaço que separa indivíduos isolados. A compaixão pode parecer uma atitude passiva ou "frágil", mas se traduz em lealdades poderosas. A ajuda mútua é oferecida. A gratidão mútua é sentida. Uma vez que as pessoas estão gratas pelas coisas que compartilham, o vínculo ultrapassou o nível pessoal para o transpessoal.

As ferramentas para construir compaixão são empatia, respeito e gratidão.

Estabilidade: A alma é pacífica, calma e capaz de se adaptar a qualquer tipo de mudança. Essas são qualidades transpessoais, construídas no nível mais profundo do ser. Como líder, você deve tornar essas qualidades proeminentes para que os outros sintam-se estáveis. A instabilidade personifica a incerteza. Isso faz com que as pessoas sintam o chão desmoronar debaixo de seus pés. A razão pode facilmente ceder lugar ao pânico (é por isso que ações do mercado financeiro podem arruinar um banco com o rumor de fundos insuficientes).

O aspecto mais básico da estabilidade é a sobrevivência. Começa com saber que você vai ser pago pelo seu trabalho. (Pesquisadores da Gallup descobriram que os trabalhadores que acreditam na estabilidade financeira da sua empresa são nove vezes mais propensos a serem comprometidos com seu trabalho.) Como líder, entretanto, é esperado que você proporcione um senso profundo de estabilidade. Quando as circunstâncias tornam-se imprevisíveis, a incerteza torna-se um poderoso estresse. Todos sentem-se bastante solitários. Para deter o isolamento, o líder oferece apoio. A promessa: "Eu sempre estarei aqui para dar apoio a vocês" é levada adiante em ações. Para deter a incerteza, ele é sempre confiável. Ele não voltará as costas repentinamente para cuidar apenas de si mesmo.

Com sua presença, esse líder possui uma influência tranquila; representa um abrigo no meio da tempestade, que permite que as pessoas encontrem a mesma qualidade em si mesmas. Dessa forma a liderança terá ultrapassado as fronteiras do pessoal para o transpessoal.

As ferramentas para construir estabilidade são confiança, apoio e paz.

Esperança: A esperança não é tangível porque se apoia na crença. O seu papel é ser aquele que mais acredita. Você oferece esperança para um futuro melhor que ninguém consegue ver. A desesperança é a reviravolta mais trágica que a vida pode ter, privando as pessoas da sua visão de futuro. O sofrimento de hoje arruína a esperança do amanhã. Mas no nível da alma o futuro está sempre aberto porque as possibilidades não vistas podem sempre ser despertadas. (Quando os pesquisadores de opinião da Gallup perguntaram aos trabalhadores se seus líderes os fizeram se sentir encorajados com relação ao futuro, 69% dos que disseram sim também estavam engajados no seu trabalho; somente 1% dos que disseram não estavam engajados.)

Como líder você deve manter o horizonte cheio de promessas. As promessas propiciam poder. As pessoas percebem isso instintivamente, agarrando-se à esperança mesmo quando a crise parece sem solução. Nas piores tempestades, a esperança é a vela vacilante que um líder não pode permitir que seja extinta.

Para dar esperança a outra pessoa, as palavras inspiradoras de um líder são apenas o começo. Quando perdemos a esperança ficamos sem direção. Por essa razão, um líder deve propiciar uma direção clara, um plano específico passo a passo. Por fim, é permitido que cada um tome sua própria direção, que por si só já será um sinal de esperança, mas até lá você deve propiciá-la. Envolva-se pessoalmente com o objetivo de guiar o grupo através de todos os esforços de recuperação que se seguem depois de uma crise. Além disso, respeite a posição enfraquecida em que as pessoas se encontram. Oriente-as no sentido de fazê-las superar a vergonha e a culpa. Propiciar orientação significa restabelecer valores que precisam ser reconstituídos, como a autoconfiança, a competência e o mérito. Ao mostrar que você vê esses valores nos outros, eles começarão a vê-los em si mesmos. Quando mostra aos outros um modo concreto para seguir em frente, você lhes dá motivo para ter fé. Essa é a prova de que fizeram a passagem para o transpessoal, pois a fé é baseada na crença de um poder maior, não importa como você opte por defini-lo.

As ferramentas para construir esperança são direção, orientação e fé.

O PODER TORNA-SE PERMANENTE

O segundo princípio que precisa ser revertido é "os poderosos sobem para depois cair". São muitas as razões para acontecer uma queda. Pessoas ávidas pelo poder fazem inimigos que querem derrubá-las. São inseguras, para começo de conversa, e engendram sua própria queda com ações sórdidas e manipulação dissimulada. O ego é tão inseguro que falha em ver os erros que está cometendo, de tão intencionado que está em construir uma autoimagem excessivamente elevada e que está fadada a implodir. Mas, no que se refere à alma, essas causas são secundárias. Em termos espirituais, almejar o poder é perdê-lo, pois o que você almeja você já é. O grande poeta bengalês Rabindranath Tagore colocou essa verdade de uma forma belíssima quando escreveu: "Aqueles que estão buscando algo batem à porta. Os que amam encontram-na aberta." O amor

A alma da liderança

é um aspecto do ser, e quando você age com seu ser o poder do qual você se vale é ilimitado, pois ele vem da fonte. Esse tipo de poder é estável. Ele não sobe ou desce. Portanto, se você tem plena confiança nele, não precisa chegar ao topo para alcançar o poder.

Imagine três líderes que querem atingir a mesma coisa: começar uma empresa, construir uma ponte ou popularizar uma nova ideia ou invenção. O líder A é um executor. Ele faz contatos com pessoas que podem ajudá-lo a atingir seu objetivo. Contrata uma boa equipe; sabe como fazer as pessoas ficarem tão entusiasmadas quanto ele com relação ao projeto. Seu dia está repleto de compromissos e decisões. Na concentração das atividades, ele torna-se o eixo. Todas as decisões passam por ele. Em pouco tempo o líder A torna-se indispensável. Esse tipo de poder pode ser muito eficaz, mas é também o mais inseguro. Para cada sucesso, há muitas pessoas que não conseguem concluir com êxito todo esse caminho. Alguém mais poderoso ou mais carismático pode vencê-las. Podem não ser capazes de sustentar a demanda de energia e tempo que vão crescendo. O poder baseado no fazer pode ser tirado de você, e mesmo que não seja, todo dia traz confrontações com incertezas, pois o mundo está repleto de riscos.

O líder B é mais um pensador que um executor. Ele pode ser o poder por detrás do trono ou a fonte de ideias que deixa o lado prático do projeto para os outros. Nos dois papéis, a força do líder é a de analisar. Ele pesa as opções, observa as outras pessoas e chega a conclusões racionalmente. Ele não é jogado de um lado para outro pela turbulência das pressões do dia a dia. Está mais distante, porém mais isolado também. O perigo de um líder assim é que os vínculos pessoais podem se enfraquecer. Seguidores leais que admiram suas ideias tendem a se afastar quando ideias melhores aparecem. Ainda assim, o líder que pensa está mais seguro que o líder que faz, pois sua mente o sustenta. Ele está fundamentado em um nível mais profundo que o da fidelidade e das conexões pessoais, e da labuta diária de fazer as coisas acontecerem.

O líder C está baseado no ser. Ele não se investe no fazer ou pensar. Todos os dias sua existência está focada em manter-se no caminho certo, não importando aonde quer que ela leve. Ele é poupado da constante demanda de energia que o executor é obrigado a manter; também é poupado do isolamento do pensador, que precisa dos executores para levar suas ideias ao mundo real. Para os que estão ao seu redor, o líder que está fundamentado no ser frequentemente parece misterioso. Eles não conseguem imaginar muito bem como ele mantém a calma durante as crises e como decide quando agir, porque às vezes permite que o acontecimento se desenrole, enquanto outras vezes salta para a ação. Um líder assim torna-se um visionário bem-sucedido porque é desprendido o suficiente para permitir que sua alma o guie. Ele está imune a quedas porque não tem o desejo de subir ao topo. Seu único propósito é observar sua visão se desenvolver, portanto seu caminho é o da expansão, e não o da subida.

Para tornar-se esse tipo de líder, suas ações devem estar organizadas ao redor da expansão da consciência. Em capítulos anteriores nós cobrimos como se conectar com o nível do ser. Agora você precisa participar da introdução do ser na vida diária. Naturalmente, esse novo caminho desafia o seu modo antigo. Enquanto você acerta seu caminho, o ser criará a mudança que você quer. Não há necessidade de lutar contra o seu condicionamento passado e hábitos familiares. Em vez disso, uma mudança natural acontece. Para encorajar essa mudança, aqui segue um guia.

Como encorajar seu ser

Antes de tomar uma decisão, peça orientação interior. Seja paciente e aguarde uma resposta.

Aja apenas quando se sentir calmo e seguro.

Confie que há um caminho certo.

Confie que você está conectado com seu ser; ele sempre sabe o que fazer.

Quando você encontrar resistência, dentro ou fora, não lute. Faça o que for preciso para solucioná-la e transformá-la em aceitação. Se a resistência persistir, distancie-se e dê tempo a ela.
Esteja totalmente envolvido, mas ao mesmo tempo cultive o desapego.
Saiba que você é maior que qualquer resultado, seja ele bom ou mau.
Identifique-se com a visão geral e não com detalhes insignificantes.
Acredite que sua consciência pode se expandir sem limitações.
Dizer: "Eu sou o universo", não é egocêntrico – é a verdade da sua alma.

PURO PODER

O terceiro princípio que precisa ser revertido é "o poder corrompe". Se você acredita que a natureza humana é egoísta e gananciosa naturalmente, a corrupção pelo poder parecerá inevitável. Mas talvez essa premissa esteja errada. Se a natureza humana não é algo rígido, a escolha é livre. Você pode escolher não abandonar seus ideais e manter-se fiel à sua visão. O truque é fugir do pensamento "ou/ou", porque é comum acreditar ou que se é poderoso, ou que se é um idealista. O visionário não tem que ser diferente do realista. No nível do ser, sua visão está unida com o modo de atingir essa visão. Se você conseguir mantê-los juntos, o poder servirá ao idealismo em vez de corrompê-lo.

Como vimos, o lado escuro da natureza humana é chamado de sombra, a área oculta da psique na qual a raiva, o medo, a ganância, a inveja e a violência são mantidos longe da vista. Quando qualquer líder torna-se cruel, a sombra triunfou. A pergunta mais simples e básica: "Quem sou eu, realmente?", parou de ser perguntada. A sombra causa problemas enormes; é difícil pensar em um mistério humano que não tenha suas raízes ali. Aquilo que você não enfrenta passa a ter poder sobre você. Você pode resolver não fazer nada além do bem, mas a menos que se torne consciente da sua sombra, o resultado será a negação. No estado de negação você enfrentará todo tipo de efeitos negativos do mundo externo, e estará mal equipado para vencê-los. A negatividade é vencida somente quando você consegue integrá-la à trama completa da vida. Se você se encontrar inesperadamente diferenciando o bem do mal ou a luz da sombra, pode desempenhar o papel da bondade, mas de alguma forma a maldade irá sempre emergir em oposição a você. Liderar com a alma significa encontrar um modo de fundir os opostos para viver a vida em plenitude, e não simplesmente o lado luminoso.

Para começar, esteja consciente de que cada papel que você desempenha como líder tem uma sombra específica relacionada a ele.

A **sombra do protetor** é a tentação de se tornar um tirano. Em vez de remover o medo e a ameaça, ele a promove. Quer que lhe digam o quanto "os fracos" precisam dele. Seu egocentrismo o leva a ter desculpas com relação ao modo como ele abusa das pessoas. Para manter-se no poder, ele exagera as ameaças existentes e até inventa rivais e inimigos imaginários. O fim, quando chega, é feio e frequentemente violento, pois ele é derrubado contra a sua vontade.

Para fazer oposição à sombra: Fique atento a si mesmo para qualquer sinal de autoritarismo, presunção, raiva incontrolável, necessidade de elogios e paranoia com relação a ameaças e rivais. Esses são os indícios do tirano.

A **sombra do realizador** é o vício em vencer, alimentado pelo desejo interminável por mais. Sob as aparências, ele tem um medo ainda maior de perder. Esse medo obscurece seu julgamento. Ele começa a se permitir arriscar excessivamente – está tão viciado em vencer que o próximo desafio precisa ser maior que o último. A proporcionalidade fica totalmente comprometida, e em consequência disso a conexão com as pessoas. O sucesso agora significa mais que a família e amigos. Enquanto afirma que ainda está no controle de si mesmo, o realizador que tornou viciado acaba arriscando demais. E então cai e leva outros com ele.

Para fazer oposição à sombra: Fique atento para qualquer sinal com relação a transformar contatos em situações de ganha-perde, adular sua autoimagem, ser ambicioso em detrimento da família e amigos, e tornar-se obcecado com relação aos concorrentes. Esses são indícios de vício em relação ao sucesso.

A **sombra do formador de equipe** é a submissão, alimentada pelo medo de não se entrosar. Constantemente sintonizado com as reações das pessoas, ele não consegue suportar ter inimigos e sente-se magoado com as críticas. O conformista tende a tipificar a "síndrome da Papoula Alta",* punindo qualquer um que tenta sobressair-se em relação ao grupo. Sua necessidade de conciliar a todos o leva a negligenciar os que gostam de enrolar e os oportunistas. No lugar de estimular a cooperação, ele estimula a complacência. O final normalmente envolve um formador de equipe mais ativo engolindo o conformista.

Para fazer oposição à sombra: Fique atento a si mesmo para qualquer sinal de estar sendo solícito demais para se entrosar, nunca causar problemas, agir contra a sua consciência, e invejar as pessoas por seus talentos e aptidões pessoais. Esses são indícios da submissão.

A **sombra do orientador** é o julgamento, alimentada pelo medo de não ser bom o suficiente. Esse medo é projetado para fora, fazendo com que os outros pareçam estar errados para se sentir com razão. Em vez de sentir empatia pelo que as outras pessoas sentem, aquele que julga lhes diz o que elas deveriam estar sentindo. Quando as conexões reais se dissolvem, o orientador malsucedido recorre ao fingimento, procurando demonstrar cordialidade e intimidade. Preconceitos secretos devem ser ocultados. Ele não pode deixar que alguém saiba que secretamente as julga. O fim chega através da exposição da hipocrisia. O orientador amoroso, justo e que não julga, vem levando uma vida dupla.

---

* Síndrome da Papoula Alta (*Tall Poppy Syndrome*): fenômeno social em que pessoas de mérito genuíno são ofendidas, atacadas ou criticadas quando seus talentos e realizações elevam-se acima dos de seus pares. (N. da T.)

Para fazer oposição à sombra: Fique atento a qualquer sinal com relação a esconder seus preconceitos em vez de discuti-los abertamente, mostrar favoritismo, guardar segredos e fingir ser melhor do que é. Esses são os indícios do julgamento.

A **sombra do inovador** é o solipsismo (doutrina segundo a qual a única realidade do mundo é o eu), alimentada pelo medo dos riscos. Em vez de estar aberto a novas ideias, ele promove suas antigas realizações. Sua reputação é importante em sua mente. Ele precisa do reconhecimento – o ideal seria que todos o honrassem como o senhor da sua capacidade. Sob essa demonstração de egocentrismo, o risco foi afetado. Para esconder-se da sua incapacidade em se arriscar, o inovador fracassado para de olhar com curiosidade para o desconhecido. O fim, quando chega, o encontra desatualizado e ultrapassado.

Para fazer oposição à sombra: Fique atento a si mesmo para qualquer sinal de convencimento, ciúmes, necessidade de atenção e insegurança com relação à sua reputação, e relutância em lançar-se a novas ideias. Esses são indícios do solipsismo.

A **sombra do transformador** é o desespero, alimentada pela teimosa resistência da sociedade em mudar. No lugar da esperança que todo transformador deve mostrar, a depressão começa a atormentá-lo. O transformador enfraquecido encontra-se pessoalmente magoado pelas adversidades. Fica ainda mais desapontado pela fraqueza moral das outras pessoas, mas sua grande decepção é consigo mesmo. Seus ideais tão estimados estão sendo deturpados; ele se lança contra os obstáculos diversas vezes sem sucesso. O fim, quando vem, não chega nas mãos dos reacionários, mas quando a cruzada perde sua força.

Para fazer oposição à sombra: Fique atento a qualquer sinal de culpa pessoal, descrença, depressão e resignação de que nada jamais irá mudar. Esses são os indícios do desespero.

O sábio e o visionário não possuem sombra. Eles descobriram seu lado escuro e se libertaram dele. De forma irônica, essa libertação pode fazer com que as outras pessoas fiquem desconfiadas.

É difícil acreditar que o sábio não esteja escondendo um ponto fraco e que o visionário não tenha seus preconceitos. Porém as críticas e até mesmo o ataque feito abertamente não intimidam o sábio e o visionário. Eles aceitam todos os aspectos da condição humana. Não há fim para a jornada do sábio. Ele caminha à frente, trabalhando para transformar o sofrimento em alegria. Para ele, o sofrimento do mundo é uma máscara para a felicidade eterna.

Uma vez que você se torna consciente da sua sombra, o próximo passo é desativá-la. O que não funciona é resistir, lutar, endurecer-se ou sucumbir à negação. A sombra pode sentir-se como uma inimiga, mas a Natureza viabiliza a criação através da destruição. A plenitude da vida depende da reconciliação dessas duas forças. Raiva, medo, inveja e ganância emergem como forças negativas em você porque não estão integradas. O "eu bom" e o "eu mau" estão em guerra. Até que você se desvencilhe dessa guerra, não há outro recurso a não ser lutar. As sementes da raiva e do medo irão crescer, e por estarem brotando fora da sua vista, na escuridão, ficam cada vez mais distantes da luz. Aumentar o isolamento faz com que expressões naturais da força destrutiva tornem-se renegadas, aleatoriamente causando mal por onde quer que possam.

Para levar a sombra além da guerra e do conflito, faça com que seu objetivo seja integrar o "eu mau" com o "eu bom". Sua alma está além dos opostos. Se você almeja a integração total de todos os seus aspectos, estará fazendo exatamente o que sua alma quer que você faça.

Fundindo-se com sua sombra

Fique atento a sentimentos como a raiva, ansiedade, inveja, sofrimento e egoísmo.

Reconheça que esses sentimentos fazem parte de você.

Perdoe-se por ter uma sombra.

Assuma a responsabilidade pelo que você sente. Não projete nos outros, ou os culpe, ou pense que sua negatividade está neles.

Faça um voto contra qualquer forma de violência ou agressão.

Quando você sentir o surgimento de uma emoção negativa, sente-se calmamente e a sinta em seu corpo. Peça para que a emoção se tranquilize, o que significa que você a libera, levando o tempo que for necessário.

Confie que todos os resíduos de medo, raiva, aflição, ciúmes e insegurança podem ser liberados. Se for possível, procure a ajuda de um orientador psicológico, um terapeuta corporal ou outro profissional habilitado a liberar velhos traumas e mágoas passadas.

Resista à urgência de afastar ou negar esses sentimentos que você julga. Se você os força a existir fora da sua vista, eles irão apenas enfraquecê-lo.

Não tenha segredos. Encontre alguém com quem possa compartilhar qualquer coisa e então prossiga, da forma apropriada, a deixar o "eu mau" fora de discussão.

Trabalhe a sombra com uma peça de cada vez. É muito mais fácil desmantelar um aspecto fortemente negativo em você, como o medo incontrolável, a ansiedade que circula livremente, um temperamento explosivo ou um ressentimento entranhado, do que confrontá-la diretamente. Essas tendências incontroláveis são reunidas por antigas crenças, experiências da infância, segredos não revelados, culpa e vergonha ocultas, julgamento contra o eu, influências do seu ambiente (como estresse, discussões domésticas, maus-tratos contínuos e fracasso no trabalho), e apegos supersticiosos a conceitos como o mal absoluto ou o demônio. Ao endereçar cada parte de uma vez, até a energia mais poderosa da sombra pode ser desarmada.

IGUALDADE DE PODER

O último princípio que precisamos reverter é "o poder é excepcional". Não há a menor dúvida de que é bom sentir-se especial, e os líderes que conquistam o poder não podem evitar de se sentirem excepcionais. Não é isso que precisa ser revertido. Preferencialmen-

A alma da liderança

te, precisamos corrigir a crença do ego de que somente "eu" sou excepcional. A fonte do poder é universal. Todos contemos potencial infinito e uma vez que ele é liberado, o universo irá apoiá-lo ou não. Como líder, depende de você mostrar a diferença guiando as pessoas por um caminho que o universo irá favorecer. Você faz isso pelos mesmos meios que usou para si mesmo, conectando-se com sua alma.

Você não pode persuadir, pedir ou forçar ninguém a se reconectar com sua alma, mas pode inspirar as pessoas a encontrar suas próprias motivações. Nós já mencionamos alguns dos fatores mais críticos: ser um exemplo, formar vínculos emocionais, construir confiança, compaixão, estabilidade e esperança. Mas até que as pessoas a quem você lidera sejam capazes de identificarem-se com o que é melhor para elas, não conseguirão dar o primeiro passo em seus caminhos. Duplicar seu caminho não é uma maneira de substituir. O ideal seria que todos em seu grupo escrevessem uma frase com sua missão, baseado no perfil da sua alma e visão pessoal. É dessa forma que já estamos desenvolvendo seu caminho pessoal. Você também pode aproveitar as pesquisas, como as feitas pela Gallup, que são usadas para identificar os pontos fortes de cada pessoa em detalhes. No modelo Gallup, há 34 tipos específicos de pontos fortes. Se uma equipe contém um número elevado de pontos fortes, todos melhoram suas chances de sucesso.

Levando esse conselho para o coração, você pode começar a compartilhar poder aprendendo o que procurar como ponto forte. Não suponha que as pessoas saibam quais são os seus pontos fortes, mas entenda que até que os descubram, elas não terão uma base sobre a qual possam construir poder. Olhe para cada uma que você quer avaliar e as coloque em três das seguintes categorias. Se você não conhece bem a pessoa, poderá escolher duas categorias apenas, mas seria melhor tentar um palpite na terceira e modificar sua avaliação quando a conhecer melhor.

21 pontos fortes para se ter como base

1. **Trabalhador.** Ele tem grande energia. Fica satisfeito em estar ocupado e ser produtivo.

2. Muito **ativo.** É impaciente para sair da teoria e ir para a prática. Fica satisfeito em fazer a diferença.

3. Bom para colocar as pessoas **no fluxo.** Ele é orientado para o agora e altamente adaptável. Fica satisfeito em mostrar aos outros como confiar em si mesmos e se integrar.

4. **Analítico.** Investiga cada lado de uma questão. É cuidadoso e confiável em suas conclusões. Fica satisfeito com pesquisas.

5. Bom **planejador.** É bom em preparar e organizar, mas tem uma mente aberta para a exigência de todos. É honesto e espera honestidade em troca. Fica satisfeito em trabalhar em conjunto com vários elementos.

6. Naturalmente **comunicativo.** Consegue com facilidade colocar pensamentos em palavras e é brilhante quando faz apresentações. Fica satisfeito em mostrar às pessoas o lado positivo da situação e os pontos positivos em cada uma delas.

7. **Competitivo.** Mede como está se saindo comparando-se aos outros. Quer ser julgado como o melhor. Fica satisfeito em vencer, obviamente, mas também estando à altura daqueles que mais respeita.

8. **Confiável e modesto.** Mostra consistência em aplicar as regras e também as cumpre. Bom para treinar o grupo em pé de igualdade. Fica satisfeito em ver que todos têm o mesmo respeito.

9. **Ponderado** para tomar decisões. É bom para lidar com questões delicadas porque dá o devido peso a cada fator. Prevê obstáculos que estão adiante. Têm satisfação em fazer julgamentos corretos que reduzem o risco e usa o tempo para sair com segurança de um lugar para outro.

10. Talentoso para **desenvolver** recursos humanos. Vê o potencial nas pessoas e tem paciência para trazê-lo à tona passo a passo. Confia que alguém pode fazer o trabalho antes que os outros o identifiquem. Fica satisfeito em observar quando os menos experientes começarem a desabrochar.

11. **Autodisciplinado.** Prospera com a rotina e a estrutura. Nunca comete um deslize ou entra em enrascadas. Fica satisfeito por sentir-se responsável.

12. **Empático.** É bom em situações difíceis nas quais as pessoas têm de lidar com emoções conflituosas. É procurado quando alguém precisa desabafar. Fica satisfeito em fazer com que os outros sintam-se compreendidos.

13. Bom em **priorizar.** Sabe manter-se focado, mantém os projetos no trilho. Pode-se confiar nele para saber o que é importante. Corta caminho por detalhes secundários e evita rodeios. Fica satisfeito em seguir com eficiência na direção do objetivo principal.

14. **Conciliador.** É avesso ao conflito e quer reconciliar as diferenças. Trabalha ouvindo e mostrando às pessoas o valor de ouvir. É de grande valia em qualquer negociação. Fica satisfeito quando todos os lados chegam a um acordo que traz benefício mútuo.

15. Cheio de **ideias.** Faz conexões com facilidade entre coisas muito distintas. É bem-sucedido em absorver quantas perspectivas forem possíveis. Jamais fica confuso diante de um novo conceito. Fica satisfeito pela simples fascinação com as ideias.

16. **Especialista.** Especializa-se em um campo específico e sabe tudo sobre o assunto. Inspira autoridade e é respeitado pelos colegas. Fica satisfeito em dominar uma ramificação do conhecimento e da especialização.

17. **Encorajador.** Está constantemente em busca da excelência e estimula as outras pessoas a superarem seus limites. Sente que nada é bom o suficiente até ser extraordinário. Fica satisfeito em concluir qualquer projeto com o nível máximo de qualidade.

18. Eternamente **entusiasta.** Naturalmente animado e positivo, ele pode fazer com que os outros compartilhem seu entusiasmo sem ressentimentos ou sentindo-se coagidos. É bom em manter o moral alto. Fica satisfeito em fazer os outros enxergarem o lado bom e acreditarem nele.

19. **Leal**, devoto, amistoso. É fácil de se relacionar e também trabalha lado a lado. As pessoas confiam que ele sempre se preocupará com elas. Está disposto a investir tempo e energia nos relacionamentos. Fica satisfeito com os laços da amizade sincera.

20. O **mediador** apaga incêndios e resolve problemas. Ele restaura a esperança e estabiliza situações em crise. Não se abala com os problemas e está aberto a cumprir com as obrigações. Fica satisfeito em fazer o impossível.

21. Sedutor e **persuasivo.** É capaz de seduzir as pessoas para o seu modo de pensar. Gosta de conhecer gente nova. Não se abala com pessoas difíceis. Todo mundo naturalmente se abre com ele e compartilha informações, mesmo quando acaba de conhecê-lo. Fica satisfeito em quebrar o gelo e fazer uma conexão pessoal.

Uma vez que você ganha maior percepção sobre os pontos fortes de alguém, pode ajudá-lo a encontrar seu próprio caminho para o aumento de poder. Para começar, diga-lhe o que você vê e discuta a percepção dele sobre seus pontos fortes. Se você estiver em posição de designar tarefas, use os pontos fortes dele como guia. Mesmo que você não esteja designando uma tarefa, tenha em mente quais são os pontos fortes de todos. Isso irá capacitá-lo a buscar a informação certa que vem de cada pessoa.

Um único tema permeia o *empowerment* e esse é a crença de que todas as pessoas têm igual direito ao poder. Cada um de nós é uma pessoa completa refletindo a plenitude de nossa alma. Podemos estar nos escondendo da nossa plenitude, deliberadamente ou não. Em vez de apreciar o quanto somos multidimensionais, a maioria de nós torna-se resignada a uma fatia pequena da vida. O *empowerment* tem relação com a expansão das expectativas, mostrando que todas as suposições negativas sobre poder não precisam ser verdadeiras. Poder não é algo que você agarra à força; é a energia, a inteligência e a criatividade infinitas da alma que querem se expressar através de você. Quando entender que todos somos a expressão da alma, você como líder encontrará alegria em ajudar cada indivíduo a descobrir essa verdade. A maior lição espiritual sobre poder que já li vem de Tagore: "O poder disse ao mundo: 'Você é meu.' O amor disse ao mundo: 'Eu sou seu.' O amor venceu."

AS LIÇÕES DO *EMPOWERMENT*, OU FORTALECIMENTO DE PODER

- Liderar com a alma significa reverter as maneiras em que o uso do poder é malfeito. O princípio orientador é fortalecer o poder das pessoas a cada passo do caminho, assim como você fortalece seu próprio poder.

- Avançar o limite que separa o poder pessoal do transpessoal. *Transpessoal* significa "ir além do individual". Esse é o tipo de poder que existe dentro de cada um no nível da alma.

- Trilhar o caminho do poder começa por conhecer seus pontos fortes e construir algo a partir deles. O mesmo acontece quando você fortalece o poder das outras pessoas. Com a expansão da consciência, você expressa a plenitude da sua alma. Sua força, então, virá do nível do ser.

O QUE FAZER HOJE

O poder torna-se um problema quando o ego tenta associar-se a ele. Perceba que o poder não tem relação com o "eu e meu". Cultive o desapego no seu papel de líder. As pessoas confundem o sentimento de euforia com poder, mas o poder que vem da alma é uma combinação de quietude e dinamismo. Ele nunca se acaba, mesmo depois de a euforia ter passado. Com o desapego você pode vivenciar o surgimento do poder sem ficar perdido nele. Você pode entrar e sair de qualquer situação com a sensação de que tudo o que quer já está dentro de si mesmo – esse é um estado relaxado e seguro, e um lugar de poder.

Hoje você pode começar a praticar o desapego enquanto ainda está totalmente engajado – esse é o truque, pois um desapego frio e sem envolvimento é o mesmo que indiferença. Existe um modelo para o desapego que vem naturalmente e é o oposto da indiferença: o brincar. Quando você observa uma criança brincando, ela está completamente focada e compenetrada. A brincadeira é envolvente. Não há distrações. A criança está despreocupada e cheia de energia enquanto a brincadeira não se torna séria e transforma-se em vencer. O exercício a seguir pode levar um adulto a esse estado de diversão.

Quando você acorda de manhã, permita-se ficar dez minutos na cama com os olhos fechados. Visualize o dia que está à sua frente. Veja os momentos críticos que requerem decisões importantes ou escolhas a fazer. Imagine essas situações terminando bem. Não se prenda a um enredo fixo: apenas deixe sua mente brincar com as possibilidades. Quando se sentir feliz com a cena, volte e a veja por outra perspectiva. Observe a cena acabando bem, mas de uma forma totalmente diferente. Volte duas ou três vezes, brincando com possibilidades suficientes de forma a não se prender em apenas uma – fique o mais confortável possível com o que quer que a sua alma queira trazer a você.

. Quando terminar, deixe sua visualização de lado e comece o dia abertamente.

A alma da liderança

Esse exercício tem relação com o *lila*, ou "a brincadeira da criação", como é conhecida em sânscrito. *Lila* é a maneira como nossa alma opera, apreciando o desenrolar de cada momento e transformando "o que é" em "o que será", sem seguir uma linha reta ou um curso previsível, mas deixando que qualquer ingrediente contribua para algo novo. *Lila* é seu estado natural. Se você está se desviando dele, o seguinte está acontecendo:

Você investe poder no ego para que ele vença.
Você odeia perder.
Você tem de estar no controle.
Você tem de estar certo.
Você se sente tenso e desconfortável.
O estresse o está atingindo.
As coisas ficaram muito sérias.
Nada parece engraçado.

Para se divertir de verdade, você deve tornar-se consciente desses sinais de aviso e fazer alguma coisa com relação a eles. Cada situação é diferente, mas o sentimento de diversão pode ser sempre recapturado se você ouvir seu interior e respeitar que a verdadeira criatividade deve ser divertida. Não estou falando sobre a diversão forçada, ou maldosa, ou a que transforma tudo em um jogo. Todos nós sabemos como é ser inocente e alegre, um estado que a alma nunca abandona. Essa é a diversão do espírito.

Se você prosseguir com o exercício descrito, começará a ficar menos preso à necessidade de controle e terá menor rigidez com relação ao melhor resultado. Todo dia é um mundo novo, mas nós o habitamos como pessoas que não sabem como serem novas. O desprendimento, na sua forma mais pura, é a disposição para renovar a você próprio desfazendo-se de velhos condicionamentos. Ao abrir-se completamente, você deixa que um novo fluxo o percorra, e então se tornará tão divertido e alegre quanto a própria criação.

6
R = RESPONSABILIDADE

Liderar com a alma significa assumir uma responsabilidade maior que a necessidade do grupo. Significa preocupar-se com o crescimento pessoal de todos. Essa responsabilidade começa com a sua própria evolução. Você tem o poder de ser guiado pela alma em oito áreas da sua vida: pensamentos, emoções, percepção, relacionamentos pessoais, papel social, ambiente, fala e corpo. Em todas essas áreas, seu comportamento afeta a todos a quem você lidera. Se você evolui, eles evoluirão também.

Liderar com a alma significa que a evolução é sua prioridade máxima. Você nunca age de maneira a diminuir a autoestima das pessoas. Você examina suas crenças fundamentais e as modifica, enquanto novas oportunidades de crescimento se revelam. Como a evolução é uma força inevitável no universo, você explora poderes invisíveis. Portanto, a responsabilidade não é mais um fardo. Ela repousa levemente sobre você enquanto você continua a crescer.

Todo líder assume responsabilidades, mas, se você lidera com a alma, tem uma perspectiva diferente. Você assume a responsabilidade pela sua evolução e pela evolução daqueles que o cercam. Você escolheu começar com uma visão. Para realizá-la, trilha um caminho que significa mais do que sucesso exterior. A pessoa interior está crescendo a cada passo do caminho. O grupo terá necessidades maiores preenchidas. Como você se prepara, então, para continuar evoluindo? O comprometimento pessoal tem o seu papel, mas com o que você se compromete? Uma vez que essa pergunta é respondida, você saberá quais serão suas responsabilidades dia após dia.

Sua alma não faz exigências, pois não está envolvida nas atividades. Ela tem a função de ser sua fonte, a base silenciosa da sua existência. Portanto, sua responsabilidade surge quando você tem de agir, pensar e sentir. As sementes estão sempre germinando em silêncio. Cada semente é uma possibilidade surgindo da fonte de infinitas possibilidades. Uma semente pode brotar como seu próximo pensamento. Sua responsabilidade, então, é fazer com que esse pensamento seja evolutivo – ele deve promover crescimento e progresso. Uma possibilidade, porém, nem sempre se manifesta como um pensamento. Ela pode ser uma sensação, uma ação ou uma palavra. As possibilidades englobam todos os aspectos da vida. Sua alma é capaz de dar-lhe qualquer coisa que você queira, mas o outro lado da moeda é que você é responsável pelo que pede.

Saber o que pedir pode ser bastante sutil. Não importa o quanto sua visão global seja inspiradora e bela, há milhares de detalhes que devem ser trabalhados no dia a dia. Um líder pode estar se dedicando a construir a paz mundial, estar trabalhando para uma economia sustentável ou encontrando uma alternativa para os combustíveis fósseis. Em comparação com objetivos tão elevados, parece insignificante considerar a próxima palavra que você está prestes a dizer, ou a próxima sensação que sentirá em seu corpo. Mas tudo isso faz parte da trama da vida, e se isso não evoluir, sua visão não evoluirá também. A trama da vida é incrivelmente complexa e entremeada, mas podemos encontrar oito fios principais, cada um com seu próprio conjunto de responsabilidades. A alegria de olhar para o assunto por essa perspectiva é que você estará assumindo a responsabilidade não como um fardo, mas como um modo de nutrir a si próprio. Faça a si mesmo uma pergunta: – "Eu evoluirei fazendo isso?" –, e se a resposta for sim, aceite a responsabilidade por sua escolha.

A responsabilidade de um líder pode ser dividida nas seguintes áreas: sou responsável pelo que penso; sou responsável pelo que sinto; sou responsável pela forma como percebo o mundo; sou responsável pelos meus relacionamentos; sou responsável pelo meu papel na sociedade; sou responsável pelo meu ambiente imediato; sou responsável pela minha fala; sou responsável pelo meu corpo. Agora vamos dar uma olhada em cada um com mais detalhes.

SOU RESPONSÁVEL PELO QUE PENSO

Esse é um campo da cognição, que é muito mais amplo que os pensamentos racionais: ele também cobre insight, intuição, pressentimentos e impulsos criativos. Como eles nos chegam espontaneamente, tendemos a aceitar que os pensamentos perambulam pela mente à vontade. Se isso fosse verdade, como poderíamos ser responsáveis pelos impulsos mentais enquanto eles vêm e vão? Afinal, nunca se sabe qual vai ser sua próxima ideia ou intuição. Mas os pensamentos vêm em padrões: você possui hábitos de pensamento. Por esses você pode assumir a responsabilidade. Promova os bons hábitos e evite os ruins. Líderes bem-sucedidos aprenderam a fazer

A alma da liderança

ambos, com frequência sem saber (embora uma boa porcentagem teve que treinar a mente para atingir as demandas de ser um líder).

BONS HÁBITOS MENTAIS

Pense de maneira clara e concisa.
Elimine preconceitos e inclinações pessoais.
Examine suas suposições para ter certeza de que não são de fonte indireta ou não comprovadas.
Explore cada pensamento em profundidade.
Preste atenção a impulsos sutis, focando neles até que se expandam ou se desenvolvam.
Veja cada pensamento sem julgar ou preterindo-o prematuramente.
Dê uma volta e veja seu pensamento de vários ângulos.
Certifique-se de que você não está sendo influenciado demais por estresse, emoção ou o calor do momento.
Fique acima do drama da situação.

Cada um desses pontos é algo que você pode assumir como responsabilidade. Deixada por si só, a mente não vigiada perde clareza ou concisão. Ela precisa ser treinada para suprimir as repetições. No lugar de pensamentos confusos e vagos, você configura seus pensamentos de forma clara, expressando-os com consistência. A mesma atenção é necessária para todos os outros pontos. A menos que prestemos atenção, o preconceito insinua-se por dentro do nosso pensamento automaticamente – essa é a natureza do hábito, reaparecer por conta própria. De vez em quando você precisa parar e dizer: "Isso não é o que eu quero pensar. Isso é simplesmente o velho condicionamento do passado, uma repetição rotineira do que eu costumava pensar."

Com a cognição, sua responsabilidade global é estar autoconsciente. Somente você pode localizar os efeitos que as emoções e o estresse estão tendo. Nenhuma perspectiva exterior pode substituir a sua, mesmo que conselheiros confiáveis possam trazê-lo de volta à razão mostrando-lhe onde você perdeu a clareza. Note que duas coisas não estão na lista: organização e disciplina. Alguns líderes devem seu sucesso a terem uma mente altamente organizada e disciplinada. Examinada de perto, a necessidade de forçar sua mente a uma disciplina é como treinar um animal selvagem em cujo comportamento não se pode confiar e cuja impetuosidade é indesejável. Porém, mesmo sendo a mente tão incansável, ela também é a fonte de respostas e soluções espontâneas. A espontaneidade requer liberdade, e é difícil para o que quer que seja ser livre e disciplinado ao mesmo tempo.

É claro que sua mente pode ficar perturbada e sem domínio. Até mesmo o artista puro, que não consegue tolerar regras e limites, aceitará a disciplina de aprender sua arte. Você pode aproveitar essa dica: discipline sua mente como uma forma de dominar sua arte, mas depois deixe-a livre. Do contrário, você dispensará muitos pensamentos "vagos" que na verdade têm muito a lhe dizer. No mesmo estado de espírito, permita que todo impulso sutil da mente – a mais vaga intuição ou insinuação – se expanda. Isso é particularmente verdadeiro quando você sente aquele leve *ah-oh*. Sob a pressão de concordar com os outros, em encontrar soluções rápidas ou ficar livre dos problemas, todos nós pulamos para conclusões errôneas. Mas a alma não pode ser enganada pelas aparências externas, e quando você sentir, mesmo que sutilmente, que algo não está bem certo, deve confiar em si mesmo. Na verdade, quanto mais sutil for o a*h-oh*, mais deve ser levado em conta.

SOU RESPONSÁVEL PELO QUE SINTO

Até mais que os pensamentos, os sentimentos parecem ir e vir à vontade. Sendo espontâneas, as emoções são frequentemente temidas e provocam desconfiança. Nada é mais indesejável à mente que a ansiedade, e muitas carreiras promissoras foram desfeitas por um temperamento explosivo. Mas não estamos falando sobre tentar controlar medo, raiva ou qualquer outra emoção. (Antes de mais nada, os programas para controlar raiva e curar fobias têm tido, na melhor das hipóteses, resultados ambíguos; até a promissora Psicologia Positiva, que procura reformular a negatividade de uma forma positiva, continua amplamente não apoiada pelas pesquisas.) Da mesma forma que os pensamentos, os sentimentos recaem em padrões, e estando consciente desses padrões você pode assumir a responsabilidade por mudá-los.

Um sentimento é uma resposta que parece acontecer de maneira repentina e automática. Se você tem medo de aranhas, ver uma faz com que se encolha de medo. Se pratos sujos na pia o fazem ficar com raiva, você não consegue evitar a irritação quando entra na cozinha depois de uma refeição e vê que alguém deixou de lavá-los. Mas essa aparente falta de escolha é decepcionante. Pense no que acontece quando alguém joga uma bola ou um molho de chaves para você. Mesmo que você seja pego de surpresa, automaticamente erguerá a mão para pegá-los ou se desviará do objeto resmungando: "Eu não consigo pegar nada." Essas duas respostas são opostas; em algum momento da sua vida você foi treinado para pegar objetos ou não. Se foi treinado, sua resposta torna-se automática, mas você pode treiná-la novamente. Você jamais perde a chance da escolha, e felizmente as pesquisas mais avançadas sobre o cérebro indicam que novas habilidades podem ser acrescentadas ao cérebro no decorrer de uma vida inteira.

Você treinou a si mesmo para se sentir de certo modo, procurando evitar sentir-se de outro. O truque, se você verdadeiramente assume a responsabilidade, é substituir um sentimento treinado de uma forma honesta. Todos nós valorizamos os sentimentos positivos mais que os negativos, mas se você treina a si mesmo para nunca ser negativo, não percebe o fato de que a "negatividade" é na verdade um julgamento contra o eu. É um rótulo para: "Sou mau se me sentir dessa forma." Todos já vivenciamos a tensão de estar próximos a uma pessoa cujo sorriso fixo e alegria sempre presentes são irreais. Reformular seus sentimentos significa, em primeiro lugar, perceber padrões. Se você automaticamente responde duvidando, por exemplo, ou afastando coisas novas, se se encolhe de medo frente a mudanças ou a pessoas novas que repentinamente aparecem em sua vida, dê um passo atrás e perceba seus sentimentos.

Tendo recuado, espere e veja. Com muita frequência uma primeira resposta desaparecerá por conta própria. Quando isso acontecer, um espaço aberto aparece, e nesse espaço você pode guiar-se para o sentimento que quer ter. Não julgue a si próprio. Deixe cada sentimento ser o que é, mas ao mesmo tempo não aja com base em medo, raiva, ressentimento, inveja, suspeita ou qualquer outro sentimento que promoverá estresse naqueles que estão ao seu redor. Os sentimentos são seus até que você os projete no mundo. É sua responsabilidade não projetar o que é prejudicial.

Quando você aprender a vivenciar um espaço aberto onde antes havia preenchido com reações automáticas, algo novo vai aparecer. A alma começa a manifestar seus próprios sentimentos, que são sempre evolutivos. Esses não são acontecimentos passageiros, mas são um estado estável do sentimento. Silêncio, paz e uma sensação calma do eu não vem e vão. Uma vez que você os contata, eles fazem surgir o que o budismo chama de quatro sentimentos divinos: gentileza, compaixão, equanimidade e alegria com o sucesso dos outros. Mas não é necessário ter um nome para sentimentos mais elevados. (Rotulá-los pode até incitá-lo a treinar a mente para ser "boa".)

As emoções elevadas nos levam para longe do nosso eu isolado. O eu isolado é treinado a escolher A em vez de B, geralmente porque o ego decidiu que A contém um benefício de autopromoção. Além do eu isolado, há um fluxo natural de sentimentos, e qualquer que seja a ação apropriada, ela surgirá por conta própria. A alma sempre almeja dar-lhe a resposta mais evoluída possível, e isso acontece com os sentimentos também.

A alma da liderança

SOU RESPONSÁVEL PELA FORMA COMO PERCEBO O MUNDO

A percepção, assim como o pensamento e o sentimento, parece ser automática. Se percebo que o céu é azul, isso não parece ser uma escolha, e você somente pode ser responsável pelo que escolhe. Porém mais uma vez, a ausência da escolha é enganosa. A única coisa que sabemos é que a possibilidade nunca é limitada, portanto, a escolha deve estar sempre presente. Por definição, um líder é alguém que pode ver mais possibilidades que as outras pessoas. Não importa que dificuldades e adversidades pareça haver, a evolução está em jogo. Você pode adotar o estilo de ver o mundo baseado neste princípio: a evolução maior é inevitável.

O físico pioneiro Max Planck disse: "Quando você muda a forma de olhar as coisas, as coisas para as quais você olha irão mudar." Nesse sentido, assim é como a relatividade trabalha no nível da alma. Conforme você muda sua percepção, a realidade muda de forma a corresponder. Portanto, a percepção interna, que é a sua percepção do eu, é onde a realidade começa. Quanto mais expandida for sua percepção do eu, mais possibilidades são liberadas no nível da alma. Você nunca esgotará as possibilidades a menos que você próprio as limite. A causa da limitação é a crença. Crenças negativas agem como censuradores. Quando estão diante de uma série de possibilidades, elas dizem não à primeira aparição de coisas que julgam como muito perigosas, erradas, ruins, impossíveis, sem importância, ou "não é para mim". Sua alma, por outro lado, não quer lhe negar nada, mas você jamais saberá se suas crenças estão bloqueando apenas algumas pequenas possibilidades. Toda possibilidade que não pode ver a luz do dia diminui seu futuro, fazendo seu trabalho de maneira invisível e fora da sua consciência. O que você precisa fazer é tornar-se consciente dessas crenças e depois revertê-las para que sejam evolutivas.

Crenças que bloqueiam seu futuro

Eu não sou bom o suficiente. Mereço menos que as outras pessoas.
Reversão: Quanto mais eu evoluo, mais eu mereço. Como a evolução é ilimitada, meu merecimento também é.

A fuga é uma boa maneira de adiar decisões difíceis.
Reversão: O adiamento nunca é uma solução. Ele simplesmente congela o problema em seu lugar. Se eu solucionar o problema agora, tenho o meu futuro inteiro para aproveitar a solução.

Não ajuda focar nas coisas que estão erradas em mim.
Reversão: Os problemas não são ruins. São uma indicação de onde eu preciso crescer. Debaixo das dificuldades há um aliado oculto. Se eu não focar nos meus problemas, perderei o caminho da minha evolução pessoal.

O mundo está cheio de problemas. O que apenas uma pessoa pode fazer?
Reversão: A evolução leva a humanidade para a frente através de uma pessoa por vez. Eu posso me tornar a mudança que quero ver. Quando isso acontece, contribuo para a consciência coletiva, e todos dão um passo em direção à massa crítica necessária para uma mudança em nível global.

Mudar é difícil demais.
Reversão: A vida não é nada além de mudanças. Cada célula no meu corpo muda constantemente, assim como meus pensamentos, sentimentos e os acontecimentos que me cercam. A verdade é que a mudança pode ser consciente ou inconsciente. Ao tornar-me mais consciente, sou um poderoso agente de mudanças. Não há necessidade de mudar nada, somente expandir minha consciência.

Somos prisioneiros de acontecimentos ao acaso que estão fora do nosso controle.

Reversão: Ser controlado por qualquer coisa, incluindo a casualidade, é ser vítima. Acidentes não são conhecidos com antecedência. Tenho a escolha de fazer do desconhecido meu amigo ou meu inimigo. Como amigo, o desconhecido traz vida nova, novas ideias e possibilidades. Eu focarei nesse aspecto e libertarei o resto.

Todos temos inimigos. Eu prefiro ficar de fora da briga e ter o mínimo possível de inimigos.

Reversão: Inimigo é somente uma palavra nova para obstáculo. Sempre que encontro um obstáculo, minha alma o colocou ali por algum motivo e propiciou a solução ao mesmo tempo. Eu não preciso focar no que a outra pessoa sente sobre mim; meu objetivo não é ser amigo de todos. Em vez disso, estou aqui para evoluir e seguir o caminho que minha alma está me revelando dia após dia.

SOU RESPONSÁVEL PELOS MEUS RELACIONAMENTOS

Tendo em mente que os relacionamentos têm dois lados, você pode ser responsável somente pela sua parte. Mas relacionar-se com alguém traz uma união, portanto não é fácil separar qual é a sua parte. Um líder segue uma regra geral: quando as coisas estão indo bem, elogie a outra pessoa; quando as coisas não estão indo bem, seja responsável por mudá-las. Se esperar que a outra pessoa mude as coisas, ou a si mesma, você pode ficar esperando para sempre. Você deve alcançar a autossuficiência, que é a compreensão de que você se basta. Você nunca precisa de outra pessoa para completá-lo. Uma vez que isso for compreendido, você irá parar de pedir aos outros que mudem para que se sinta melhor. Não é responsabilidade deles; isso não demonstra o quanto se importam; e independentemente do quanto tentem, você poderá terminar sentindo-se mal de qualquer maneira.

Nós já discutimos um ponto mais básico. Como líder, você deve se comprometer a construir relacionamentos. É um ponto de partida necessário, mas é algo que muitos não alcançam. A crença enfraquecedora aqui é a de que os relacionamentos são muito difíceis. Você pode reverter essa crença percebendo que os relacionamentos, fáceis ou difíceis, têm relação com tudo na vida. Se você se convencer de que pode ser completamente só, estará se enganando. Mesmo que fugisse para um abrigo no Polo Norte rodeado por um imenso vazio, levaria todos os seus relacionamentos passados com você em suas memórias, hábitos, personalidade e expectativas.

Cada pessoa é a soma total dos relacionamentos passados e presentes. Para ter responsabilidade, algumas diretrizes podem ser postas em prática:

> *Veja claramente a diferença entre passado e presente.*
> *Não imponha relacionamentos do passado sobre os do presente.*
> *Relacione-se com base em valores positivos. Evite relacionar-se baseado em preconceitos e tendenciosidades.*
> *Como líder, tente se relacionar com igualdade e imparcialidade.*
> *Evite fazer com que a outra pessoa se sinta errada.*
> *Siga a Regra de Ouro: os outros perceberão quando você tratá-los da maneira como gostaria de ser tratado.*
> *Aumente a autoestima da outra pessoa.*

De certo modo, o último ponto tornou-se um tipo de Regra de Ouro psicológica. Nós tratamos sobre como um líder preenche necessidades específicas na hierarquia das necessidades. Você irá interagir com as pessoas muitas vezes, mas nem todo encontro terá relação com necessidades. O que é comum a todo encontro é que um "eu" faz contato com outro "eu". Certifique-se de que, quando vocês se separarem, o outro eu sinta-se estimulado, engrandecido, valorizado, encorajado ou estimado. Isso é o mais próximo que conseguimos chegar na vida diária com relação a uma alma tocando outra. Relacionamento é um assunto vasto, mas essa é sua essência espiritual.

SOU RESPONSÁVEL PELO MEU PAPEL NA SOCIEDADE

Até agora suas responsabilidades têm sido íntimas e pessoais, mas quando levamos em conta a sociedade, milhões de pessoas estão envolvidas. Nossas conexões tornam-se mais invisíveis também. Você cria um impacto na sociedade ao votar, ao escolher onde mora, ao ser voluntário em favor de algumas causas e doando a certas instituições de caridade. Tem havido, porém, muitas pesquisas recentes sobre conexões, fato que os sociólogos jamais poderiam prever. Como líder, você precisa perceber o poder do "contágio social", um termo inventado por pesquisadores para descrever como a influência se espalha de uma pessoa para outra.

Com base no senso comum, todos nós sabemos que a fofoca e os rumores têm vida própria, assim como as lendas urbanas. As teorias da conspiração de ontem dão lugar aos focos das paranoias de hoje. Mas o contágio social vai mais fundo do que o senso comum jamais revelou. Humores, atitudes e hábitos estão em jogo. Se você está próximo de um membro da família que está deprimido, por exemplo, está mais propenso que a média a ficar deprimido também. Mas isso também vale quando você conhece alguém que tem um amigo deprimido, mesmo se a pessoa que você conhece não esteja deprimida.

Essa é uma descoberta muito estranha, mas os dados a comprovam. Você corre um alto risco de ficar acima do peso ou começar a fumar se um amigo de um amigo está acima do peso ou fuma cigarro. Ninguém pode computar essas influências de terceira ou quarta mão. Ainda assim, esses "graus de separação" são na verdade graus de vínculo. O contágio social é real, mas invisível. Ele é também uma via de duas mãos. Influências positivas têm sua capacidade de contágio; portanto, se o amigo de um amigo tem bons hábitos de estilo de vida ou um olhar otimista, você está mais propenso a desenvolvê-los também. Isso significa que, se você quer fazer parte de uma rede social invisível, é bom escolher aquela que tenha os efeitos mais positivos e de longo alcance. Você está sob influência mesmo quando não se registra como participante oficial.

Várias expressões já surgiram para descrever o poder da influência. "Gota d'água" e "massa crítica" estão entre as mais populares. Ambas referem-se a um tipo de reação em cadeia. Em determinado ponto as pessoas acreditam que algo que foi espalhado não pode ser mais revertido. Inovadores, políticos, anunciantes e estúdios de cinema estão no negócio de criação de gotas d'água, mas em qualquer campo o efeito da massa crítica é importante. É necessário um grande número de pessoas para se fazer qualquer coisa ou, mais exatamente, é necessário o equivalente social da divisão de células; as ideias difundem-se crescendo exponencialmente. (Não é por acaso que vídeos populares na web tornam-se "virais", indicando sua propagação contagiosa.)

A rede social tornou-se uma necessidade no mundo moderno, e as redes nas quais você está ou cria devem refletir seu nível de consciência:

Faça parte de redes que endereçem especificamente seu objetivo principal.

Faça contribuições positivas e detalhadas.

Trate cada mensagem da mesma forma que você faria em um encontro pessoal, com honestidade e respeito.

Compartilhe seus ideais mais elevados e mantenha esses ideais em mente sempre que enviar uma mensagem. Cada envio deve refletir seus valores essenciais, ou pelo menos não demonstrar o oposto.

Resista à tentação de amplificar a fofoca destrutiva, rumores e teorias paranoicas.

Mantenha contato próximo e regular com os membros da rede que importam mais a você. Não adote mais contatos do que aqueles que você é capaz de lidar.

Embora muitos tipos de mensagens sejam breves e passageiras, quando você faz um contato mais prolongado, siga a regra de ouro dos relacionamentos: aumente a autoestima da outra pessoa.

SOU RESPONSÁVEL PELO MEU AMBIENTE IMEDIATO

Nós nos projetamos em tudo o que nos cerca, portanto cada situação tem sua própria atmosfera. Assim que uma pessoa nova entra em uma sala, a atmosfera muda, nem que seja um pouco. Os líderes criam grandes mudanças: seu tom ajusta o tipo de ambiente que os outros vivenciam. Não importa se você se senta quieto e não diz nada, sua influência mesmo assim será poderosa. É difícil, no entanto, ler o efeito que você está tendo. Afinal de contas, o único modo que você viu as pessoas interagindo durante toda a sua vida foi diante da sua presença. Como elas se comportam quando você é extraído da equação é desconhecido.

Espiritualmente, a projeção que uma pessoa cria é total. Você é toda a situação na qual se encontra inserido, criador de um efeito de espelhamento contínuo. Você pode escolher aceitar ou rejeitar esse princípio, mas é muito difícil provar isso para si mesmo. Para fazê-lo, habitue-se a comparar "aqui dentro" e "lá fora". Para ser autoconsciente, você deve fazer perguntas que o reconectem dentro e fora. Os dois domínios nunca estão separados, mas nós os mantemos dessa forma por conta da falta de consciência. Vamos dar uma olhada nas quatro maneiras pelas quais moldamos nossa experiência: humor, memória, expectativa e percepção.

Humor: A situação está relacionada com meu humor? Em um certo nível, todos nós vemos o mundo através de óculos com tonalidades diferentes. O pôr do sol não é o mesmo para alguém que está deprimido e alguém que está apaixonado. Em um nível mais profundo, o fato de você estar do lado de fora olhando para o pôr do sol significa que ele é uma parte sua; portanto, seu humor não apenas dá cor ao sol, ele o cria. Ou seja, quando você está deprimido, não acha que está olhando para algo belo e glorioso sem a capacidade de apreciá-lo: o pôr do sol *é* deprimente; para você, nesse momento, não há outra forma de ser. Ou pense em alguém a quem você ama ou despreza intensamente. Quando essa pessoa entra no ambiente, seu sentimento torna-se parte dela. Enquanto você for o observador, essa pessoa absorve a qualidade do seu humor.

Memória: A situação está relacionada a algo do meu passado? Sua experiência do passado cria o presente. Isso, também, trabalha em vários níveis. Obviamente, quando você vê alguém que reconhece, recorre à memória; caso contrário, o mundo estaria cheio de estranhos. Estaria também cheio de objetos estranhos. Seria um mundo estranho, com toda a certeza. A memória também lhe diz que um carro não é um amontoado de lataria pintada, mas uma máquina que você sabe como dirigir. Todo tipo de reconhecimento é memória. Em um nível mais profundo, você não pode desfazer a memória: apenas pode vê-la pelo que ela é. Um livro é algo que você sabe como ler. Não pode transformá-lo novamente em uma coleção de símbolos sem sentido em uma página, como era quando você tinha dois meses de idade.

Expectativa: A situação era o que eu esperava que fosse? Com raras exceções, a resposta é sim. As expectativas precedem o envolvimento. Quando fica envolvido, suas expectativas guiam o que você acha que está acontecendo. Imagine que está prestes a conhecer um estranho. Você ouve falar que a pessoa é encantadora e espirituosa. Um momento antes de a pessoa entrar na sala, entretanto, alguém sussurra: "Ele é um golpista famoso." A situação repentinamente muda porque sua expectativa foi alterada. Em um nível mais profundo, suas expectativas na verdade moldam o que os outros estão fazendo e dizendo. Sutilmente nos sintonizamos com as expectativas dos outros. Podemos sentir se serão fáceis ou difíceis, honestas ou interesseiras, amigáveis ou distantes. Sinais silenciosos moldam todos os nossos encontros. Quanto às situações que desafiam nossas expectativas, normalmente a expectativa era falsa ou uma projeção: estamos encobrindo medo, apreensão, suspeita ou dúvida. A "surpresa" preenche essas expectativas mais reais, porém ocultas; não deveria ser surpresa que de uma só vez você se tornasse ciente dos sentimentos que negou e procurou tirar de vista.

Percepção: Estou vendo a situação através de óculos escurecidos? A regra é simples: "Enxergar de certa maneira faz com que seja dessa maneira." Estamos falando sobre o nível mais sutil da experiência, pois a percepção é criativa. Nossa crença de que observamos o mundo passivamente é equivocada. Os neurologistas demonstram com eficácia que toda qualidade no mundo é criada no cérebro. Seu córtex visual cria a luz do sol. Por si só, a radiação do sol é um vazio. É apenas uma faixa de frequências no campo eletromagnético. Com um tipo diferente de cérebro, você poderia ver o mundo iluminado com o magnetismo, ou a temperatura, ou mesmo a gravidade. Informações não processadas devem ser traduzidas em cor, luz, som, textura, formatos, aromas – na verdade, tudo o que você pode perceber.

Chegando a uma conclusão espiritual mais profunda, você está percebendo nada mais que a sua própria criação. Se isso lhe soa inverossímil, reverta a proposição. Você pode tomar parte de qualquer coisa que não perceba? Neutrinos e raios gama estão passando por seu corpo; os níveis de hormônio sobem e descem; seu metabolismo se regula de acordo com a temperatura da sala e o que você comeu no café da manhã. Você não está participando desses acontecimentos porque não pode percebê-los. O aspecto espiritual disso é que sua alma percebe tudo; portanto, participa de tudo. Não há diferença entre regular as enzimas do seu fígado, regular os eventos que vão lhe acontecer hoje e as pessoas que vai encontrar. No nível da alma, a percepção cria tudo. Você pode protestar que não tem como ser o criador de uma pedra e sua dureza ou um estranho no ônibus e as palavras que ele vai dizer. Mesmo assim, você pode controlar ambos nos seus sonhos.

Os sonhos são um domínio da percepção. Eles podem ter visão, som, toque, sabor e cheiro. Mas essas sensações não estão separadas de nós; somos a fonte dos nossos sonhos e tudo o que acontece dentro deles. Nas tradições sábias do mundo, o mesmo acontece na realidade "lá fora". O mesmo cérebro que cria cada detalhe do ambiente do sonho é responsável por cada detalhe do ambiente de vigília. Se você não se sente pronto para dar esse salto espiritual, não há necessidade de fazê-lo. Apenas continue testando se a situação é você ou não. Quanto mais fundo você for, mais convencido ficará de que é.

SOU RESPONSÁVEL PELA MINHA FALA

As palavras que você pronuncia são acontecimentos por direito próprio. Elas têm efeito sobre as outras pessoas, o que jamais deve ser esquecido. O motivo pelo qual guardei essa responsabilidade para penúltima da lista é porque suas palavras manifestam pensamentos, emoções, percepções, relacionamentos e papel social. Tudo o que veio antes está envolvido. A linguística nos diz que a fala não serve apenas para comunicar ideias. Uma simples sentença é multidimensional. Pense em tudo o que descobrimos através do tom de voz, por exemplo. Em um momento você pode de maneira bastante precisa avaliar se a pessoa que fala está feliz ou triste, envolvida ou desinteressada, cordial ou distante, amigável ou estranha, aberta ou fechada, disponível ou indisponível – e tudo isso mal mostra a superfície. (Um psiquiatra renomado que teve um programa de rádio por muito tempo declarava que conseguia diagnosticar os problemas de personalidade dos ouvintes apenas ouvindo-os dizer seus nomes.)

Quando você assume a responsabilidade pela sua fala, está indo além do conteúdo simplesmente. Isso pode ser difícil. Todos nós resistimos a comentários do tipo: "Eu não estou gostando do seu tom", "O que você está tentando dizer?", "Eu sei o que isso quer dizer" e "Você está dizendo uma coisa e querendo dizer outra". O que nos incomoda é o lembrete de que estamos revelando mais do que gostaríamos, e ainda assim todos nós sabemos que isso está acontecendo. É natural que a fala faça revelações no nível do que sentimos, o que queremos, o que gostaríamos de esconder e o que esperamos que a outra pessoa entenda. Um líder assume a responsabilidade por todas essas dimensões adicionais.

Uma vez que você assume essas responsabilidades, duas opções lhe são abertas. Você pode disciplinar e controlar sua fala, deixando que os outros recebam somente o que você quer. Ou pode aceitar que ser aberto é melhor, nesse caso você deixa as pessoas lerem em você o que quiserem. A segunda opção o deixa mais vulnerável, mas é a melhor escolha porque as pessoas lerão em você coisas que estarão fora do seu controle. A impressão que qualquer pessoa tenha de você é criação dela. Tendo em vista que isso é inevitável, irradie sua luz da forma mais completa que puder. Fique o menos possível na sombra. Não crie sentimentos ambivalentes ou impenetráveis de propósito. Seja consistente na maneira como fala. Observe as qualidades da cortesia e respeito pelos outros. Elas são indispensáveis para você poder assumir suas palavras e o efeito que elas têm nos outros. A fala é uma janela da alma. Você será muito mais bem-sucedido abrindo a janela do que deixando-a fechada.

SOU RESPONSÁVEL PELO MEU CORPO

Você pode pensar que cuidar do seu corpo é algo tão básico que deveria vir em primeiro lugar. Coloquei por último por uma razão.

Seu corpo não é uma máquina feita de carne e osso. Vista a partir da alma, ele é uma projeção da sua consciência. De fato, é a projeção de quem você é, mais até do que os seus pensamentos, sentimentos e palavras, que vão e vêm. Seu corpo é uma projeção constante de você no mundo. Cada célula escuta às escondidas seus pensamentos. Você não consegue responder ao mundo sem afetar seus tecidos e órgãos. Sem um corpo você não pode se conectar com o universo; seu corpo, portanto, é o veículo da sua evolução.

Todo líder quer estar sintonizado. Você não consegue se sintonizar sem um corpo – isso é evidente –, mas a qualidade com a qual você se sintoniza é bastante sutil. A perda de uma hora de sono, por exemplo, distorce os reflexos e atrapalha a percepção quase tanto quanto perder metade da noite de sono. Uma refeição pesada e gordurosa, com uma taça de vinho, entorpece a mente e faz com que as decisões tornem-se menos confiáveis. Quando a energia biológica está exaurida, seja por doença, fadiga ou estresse, ela não consegue evitar de exaurir também a energia da mente. A conexão corpo-mente não é como uma lâmpada ligada a um soquete na parede. São centenas de bilhões de neurônios todos ligados um ao outro, e também a trilhões de células pelo corpo inteiro. O mesmo acontece com nossas interações no mundo. Todos os circuitos de realimentação começam e terminam no corpo.

Uma vez que você vê seu corpo como uma projeção de tudo o que você é, assumir a responsabilidade por ele não é mais a escolha de matricular-se na ginástica ou pedir peixe em vez de carne. Pense no seu corpo como se estivesse metabolizando o mundo, absorvendo mais do que apenas comida, água e ar; seu corpo está metabolizando cada experiência. Isso é porque cada experiência usa a energia fornecida pelo alimento, ar e água. As reações químicas transformam dados brutos em "minha" experiência. Você toma posse ao literalmente internalizar cada visão e cada som. O que certa vez foi "lá fora" agora é "aqui dentro", e graças à memória celular, é provável que isso fique com você por muito tempo.

Essa perspectiva não modifica os conceitos básicos de um estilo de vida saudável, já conhecidos nossos: uma dieta balanceada com baixo teor de gordura, exercitar-se regularmente com foco no trabalho cardiovascular, bom sono, meditação e controle do estresse. No entanto, essa perspectiva o aproxima de uma verdade simples: seu corpo existe para servi-lo. Mas ele pode lhe dar apenas o que é preciso, nada mais. Se você vê seu corpo como consciência que tomou forma material, fica claro que ele terá muito mais a lhe dar através da sua tomada de consciência. A dádiva física da tomada de consciência se faz presente quando o corpo é leve, lúcido, flexível, energizado, ponderado e rápido nas respostas. Tendo em vista que essas são qualidades que você quer ter como líder, uma forma de tê-las é assumindo a responsabilidade pelo seu corpo.

Nós abordamos oito áreas da vida pelas quais você é responsável, mas note que elas não aumentarão seu fardo como líder. Cada uma delas pode ser dominada sem esforços se você estiver comprometido em ser guiado pela alma. Conforme você evolui, as divisões desaparecem. Mente, corpo, comportamento e discurso começam a fluir conjuntamente. E então, você começará a dominar não apenas a arte da liderança, mas a arte da vida. Sua alma começará a influenciá-lo em tudo o que você faz, e enquanto isso acontece, o espaço entre você e sua alma se fecha. A plenitude começará a dominar. Na próxima sessão veremos como a vida é transformada em plenitude. O miraculoso torna-se normal; o campo das possibilidades perde todas as limitações. Antes disso acontecer, entretanto, você deve ser responsável por tudo o que você é e quer ser.

AS LIÇÕES DA RESPONSABILIDADE

- Liderar com a alma significa assumir a responsabilidade pela sua evolução e a evolução dos outros. A evolução é uma força inevitável. Estando alinhado com esse conceito, você beneficiará a si mesmo e a todos ao seu redor.

- No dia a dia, da mente e corpo aos relacionamentos pessoais e ao papel social que você desempenha, sua alma pode trazer progresso contínuo. Nenhum aspecto da situação é deixado para trás.

- Em termos espirituais, a situação é você. Cada experiência reflete seu nível de consciência. O mundo interior e o exterior fundem-se no nível da alma. Ser responsável, em última análise, resume-se a aceitar a plenitude da vida.

O QUE FAZER HOJE

Este capítulo propõe um plano para encorajar sua evolução e de outras pessoas. Porém, isso envolve também o oposto – não desencorajar a força da evolução. Você é a alma do grupo. Seu comportamento age como um ímã, atraindo comportamentos similares. Em termos espirituais, o impulso de crescer e expandir é uma força inevitável, ainda que possamos resistir a ela e fazer escolhas que minem nosso crescimento. Quando um líder se coloca contra a evolução, o grupo todo será afetado.

Hoje reserve um tempo para olhar de perto para si mesmo e perguntar se você está demonstrando qualquer um dos seguintes comportamentos que servem para minar a evolução.

DEZ COMPORTAMENTOS DESENCORAJADORES

Eu fico obcecado com os riscos. Estou sempre me preocupando com o que pode dar errado.

Não encaro um problema, mesmo quando ele está me encarando de frente.

Secretamente quero que o grupo faça o que eu quiser.

Não assumi a responsabilidade pela minha última decisão errada e suas consequências.

A alma da liderança

Culpo as pessoas ao meu redor; dou desculpas a mim mesmo.
Necessito de aprovação e apoio.
Não delego autoridade, ou delego, mas mantenho pulso firme em todas as decisões.
Eu me preocupo mais comigo do que com o grupo.
Escuto sempre as mesmas poucas vozes do meu círculo interno.
Eu minto ou encubro a verdade.

Você deve estar sempre vigilante com relação a essas armadilhas, pois de uma forma sutil ou severa elas diminuem a consciência do grupo. A física usa o termo *entropia* para descrever como a energia se dissipa no universo. O comportamento errado tem sua maneira silenciosa de drenar energia. Consequentemente, haverá um preço a ser pago à medida que o grupo vacila e fica estagnado, ou torna-se desconcentrado e desagregado.

Se em vez disso você adota um comportamento evolutivo, estará servindo o propósito da alma, que é elevar a consciência do grupo.

Sua alma lhe deu o desejo de viver uma verdade maior. Em termos práticos, você precisa reverter cada comportamento desencorajador conforme segue:

DEZ COMPORTAMENTOS EVOLUTIVOS

Não fique obcecado com os riscos. Mantenha o foco em resultados positivos.
Encare os problemas quando eles ainda forem uma semente.
Esteja, antes de tudo, sintonizado com as necessidades do grupo.
Assuma a responsabilidade pela sua última decisão errada, e então siga em frente.
Não culpe os outros ou arrume desculpas para si mesmo.
Fique imune à opinião boa ou ruim das outras pessoas.

Demonstre confiança naqueles a quem você delegou autoridade.
Seja generoso, dando mais do que recebendo.
Esteja aberto a toda informação e conselho sábio.
Prometa a si mesmo dizer a verdade, particularmente quando a tentação em mentir é grande.

O comportamento evolutivo não pode ser forçado – ele precisa ser cultivado. Muitos líderes de sucesso aprendem como evoluir de forma natural, como resultado de estarem sintonizados com suas vozes interiores e guiados pela intuição. O comportamento destrutivo tem sua forma de eliminar os maus líderes através do fracasso. Mas os comportamentos listados anteriormente estão alinhados com o poder evolutivo da alma, trazendo de forma invisível esse poder para ajudá-lo e apoiá-lo. O comportamento certo o mantém sutilmente alinhado com a própria evolução, a tendência que faz todas as coisas crescerem e expandirem organicamente.

7

S = SINCRONICIDADE

Todo líder precisa de apoio, e nenhum apoio é mais poderoso do que aquele oferecido pela alma. Ele oferece um fluxo contínuo de pequenos e grandes presentes do mistério. Esse é o trabalho da sincronicidade, da inteligência invisível que o coloca no lugar certo, na hora certa. As seis primeiras letras de L-E-A-D-E-R-S lhe deram a preparação para um salto em consciência, o salto que lhe permite viver no nível da sua alma. Aqui, os milagres são normais. Poderes invisíveis vêm em ajuda. Eles fazem da sua visão uma certeza.

Os visionários bem-sucedidos esperam milagres porque confiam no apoio constante da alma. Esse é um modo natural e fácil de se viver. Você permite que o seu verdadeiro eu se manifeste; então poderá abrir o mesmo caminho a quem você lidera e serve.

Como veremos, a sincronicidade nunca é acidental; ela tem um propósito. Ela valida a veracidade dos seus motivos. Prova que sua confiança na alma está bem posicionada. Conforme sua consciência se expande, você receberá mensagens da alma que são inconfundíveis. Tudo o que você precisa fazer é se abrir e recebê-las.

Esse aspecto final da liderança é mais misterioso que os outros. Todos os líderes bem-sucedidos conseguem olhar para trás e ver pequenos milagres em suas vidas, mas os visionários bem-sucedidos olham para trás e veem grandes milagres. Um pequeno milagre envolve um golpe de sorte, ou estar no lugar certo, na hora certa. Um grande milagre é bem diferente. O impossível transforma-se em uma certeza, e uma orientação maior intervém e altera o curso da sua vida. A alma pode criar milagres para qualquer um; as limitações estão conosco. Remova essas limitações, e as coisas jamais serão as mesmas novamente.

Liderar com a alma envolve ter o tipo de apoio que está oculto para a maioria das pessoas. Isso não significa tentar ter Deus ao seu lado. Deus está ao lado de todos, pois Deus é como concebemos o poder infinito que organiza a criação. Se sua alma é sua ligação com esse poder, ela consegue planejar qualquer acontecimento no tempo e espaço. O termo para tais acontecimentos planejados é *sincronicidade*. A definição básica, "uma coincidência significativa", não é muito adequada para descrever o que acontece. As coincidências ligam dois acontecimentos improváveis – por exemplo, dois estranhos se encontram e têm o mesmo nome ou frequentaram as mesmas escolas. A sincronicidade, por outro lado, altera acontecimentos para introduzir mais significado. Duas pessoas se encontram e uma tem a resposta para o problema que a outra não tinha conseguido resolver, e, nesse processo, uma pequena semente de uma ideia tem uma imensa oportunidade de crescer. Um sonho pessoal repentinamente encontra a oportunidade de se tornar realidade.

Quando perguntam aos líderes por que são sucessos extraordinários, eles respondem usando a expressão *boa sorte* com mais frequência do que qualquer outra – eles sabem que tiveram vidas excepcionais, mas não possuem um padrão ou modelo para explicá-las. A sincronicidade é o modelo correto. Ela descreve um processo fundamental no universo. Seu corpo depende de uma sincronicidade inimaginável. Dentre centenas de bilhões de células cerebrais, cada uma olha por seu próprio alimento, ar e água, como um paramécio ou ameba olham para si mesmos em um lago verde em um dia de verão. Ainda assim, de alguma forma as células cerebrais agem em perfeita combinação. Cada pensamento é uma primorosa dança coreografada.

Bilhões de neurônios estão coordenados para que você leia esta frase. Nenhum sistema visível os conecta. A sincronicidade criou um grande milagre em uma escala quase invisível. Se isso ocorresse em larga escala, seria como se cada pessoa na terra dissesse a mesma frase, ao mesmo tempo, sem planejar com antecedência. As coincidências não chegam nem perto de explicar o que acontece aqui.

Em momentos de verdadeira sincronicidade, o universo o está envolvendo, e você vê quem realmente é. O eu real não está separado ou isolado. O mundo que você vivencia não é um mundo aleatório, é um mundo onde os acontecimentos estão constantemente sendo embaralhados para lhe trazer o melhor resultado possível. Espera-se que os líderes produzam resultados, portanto não é de surpreender que os grandes líderes compartilhem o segredo da sincronicidade. Eles confiam nos poderes invisíveis para vir socorrê-los. Sua visão pessoal precisa do mesmo apoio, e você pode aprender a cultivá-la. Os milagres da sua vida indicam que você tem uma forte conexão com sua alma. Considere-os como saltos repentinos na sua evolução. Uma vez que você esperar que a sincronicidade esteja presente quando for necessário, ela estará. E então você poderá passar adiante esse benefício para os que estão ao seu redor.

APRIMORANDO O NORMAL

Para maximizar sua avaliação do que é milagroso, você pode dar passos práticos. Se os seguir, pode tornar-se um visionário bemsucedido, o objetivo que dá a este livro sua razão de ser.

O CAMINHO PARA OS MILAGRES

Considere a sincronicidade normal.
Procure a mensagem oculta.
Vá para onde estiver sendo guiado.
Esteja aqui no presente.
Entenda a harmonia dos conflitos contidos.
Encoraje a união; desencoraje as cisões.
Esteja alinhado com uma nova crença: "Eu sou o mundo."

Como você pode ver, alguns desses passos são internos; envolvem mudar velhas crenças e expectativas. Outros são externos; envolvem como você age no mundo em relação às outras pessoas.

Considere a sincronicidade normal.

Seu primeiro passo é reverter qualquer crença de que a sincronicidade é algo anormal. Sem ela a vida não existiria. A ecologia é primorosamente coordenada. Um gato colocado dentro de um pote fechado morrerá por falta de oxigênio. Uma samambaia colocada em um pote fechado morrerá por falta de dióxido de carbono. Mas coloque-os juntos e eles sobreviverão. Em escala planetária, essa delicada interdependência vai muito além da mera sobrevivência: a Natureza fornece ambiente para que todas as espécies prosperem e evoluam. Você faz parte do mesmo fluxo de vida. Foi projetado para prosperar e evoluir na ecologia que o cerca e o envolve. Muitos poderiam dizer que os acontecimentos de uma vida são casuais. Certamente pela cosmovisão materialista a casualidade domina: a inteligência é um acidente secundário que de alguma forma produziu o cérebro humano através de tentativa e erro. Se você aceita essa visão de mundo, é claro que consideraria a sincronicidade como nada mais que um pequeno exemplo de uma coincidência intrigante.

Apesar dos acidentes e da casualidade, entretanto, em nossa experiência diária nós nos valemos da consciência, não importa de onde ela venha. A teoria é uma coisa; a prática é outra. Nossas vidas significam alguma coisa. Não precisamos declarar que um poder maior está em ação; é muito mais simples dizer que a inteligência existe em todo lugar. Pense em um acontecimento sincrônico na sua vida, quando você encontrou um estranho que acabou tendo um papel muito significativo em sua vida. Se apenas o puro acaso estivesse em jogo, a probabilidade seria uma em um milhão. É mais simples – e de acordo com o princípio da navalha de Occam, portanto, mais lógico – dizer que o encontro tinha de acontecer, que uma inteligência norteadora está trabalhando de maneira invisível, dando forma ao acontecimento para servir a um propósito. Nas tradições da sabedoria do mundo, essa explicação estende-se para a vida toda de uma pessoa. Os visionários bem-sucedidos adotam essa crença porque ela demonstrou ser válida em suas vidas.

Os visionários sentem-se conectados a um propósito maior.
Vivenciam o sonho tornando-se realidade.
Oraram e receberam uma resposta.
Sentem que suas vidas são profundamente significativas.
Sentem-se guiados pelo interior.
Confiam na sincronicidade significativa.
Trilham o caminho que lhes foi destinado.

Você não precisa se convencer de que essas coisas são verdadeiras. Elas tornam-se verdadeiras, fácil e naturalmente, conforme a consciência se expande. Na verdade se tornam corriqueiras. A sincronicidade não é uma forma de favoritismo divino que põe alguns privilegiados à frente do resto de nós. Todos são totalmente e igualmente apoiados no nível da alma.

Procure a mensagem oculta.

Se sua alma está lhe enviando mensagens nesse momento, você precisa recebê-las. Não é diferente de ter uma conversa com alguém. Se você ignorar o que a outra pessoa diz, o diálogo chega ao fim. Na maior parte das vidas, o diálogo com a alma é muito tênue e instável. Ser capaz de receber a mensagem da alma faz uma diferença real, mas a diferença é mais fácil de ser descrita pelo que está ausente do que pelo que está presente.

> *Você não se sente abandonado e desprezado.*
> *Você não está isolado e sozinho.*
> *Suas ações não são ditadas pelo hábito e impulsos ao acaso.*
> *Sua existência parou de ser um enigma.*
> *Você não é vítima.*

Eu poderia ter usado a forma positiva de cada frase ("Você se sente querido e amado", "Sua existência torna-se significativa" etc.), mas quero enfatizar os problemas que deixaram de existir. Há momentos em que as mudanças são tão fáceis de serem vistas que se torna impossível não vê-las. No primeiro dia que você se recupera de um resfriado, não deixa de notar que não está mais com as vias respiratórias entupidas e se sentindo dolorido. Mas com o passar do tempo esse contraste desaparece. O mesmo acontece espiritualmente. Você pode subitamente notar que não se sente mais solitário ou incompreendido, ou inseguro no mundo, se isso já foi problema para você. Mas, na maioria das vezes, há simplesmente um fluxo de conexões que não são percebidas.

"Procurar pela mensagem oculta" significa gastar um tempo para perceber as coisas negativas que saíram de cena: medos, incertezas, ameaças, raiva, ressentimento, inveja, esforço excessivo, obstáculos externos, vozes interiores que o criticam e julgam, memórias traumáticas, relacionamentos tóxicos, culpa e vergonha. A lista é longa, e a maioria de nós raramente perde tempo com isso. Conforme sua consciência se expande, entretanto, você notará que itens dessa lista irão regularmente desaparecer, e sua vida ficará mais harmoniosa e mais fácil. Esse é um sinal de que você está em diálogo verdadeiro com a alma.

Vá para onde estiver sendo guiado.
Uma vez que o diálogo com sua alma está estabelecido, ele leva a algum lugar. Ele o leva ao seu caminho. Mas se o seu guia for silencioso, como você saberá se está prestando atenção nele? A indicação mais clara é que seu ego não domina mais seus pensamentos. Nós discutimos o ego no Capítulo Cinco; contrastando seu foco no "eu e meu" com os valores transpessoais, onde a perspectiva é o "nós". Conforme a consciência se expande, o papel do seu ego torna-se cada vez mais o de observador. Cada vez menos ele fará exigências às quais você terá que atender.

A orientação da alma não vem na forma de instruções, como "Não seja egoísta" ou "Pense mais nas outras pessoas". Por ser silenciosa, a alma trabalha de maneira diferente – ela faz com que velhos hábitos se tornem menos satisfatórios. A sensação é como andar em um chão sólido que de repente para de apoiá-lo. Alguém pode fazê-lo ficar com raiva, por exemplo, mas em vez de partir para cima da pessoa e se sentir justificado em sua raiva, você descobre que o sentimento de raiva simplesmente evapora. A orientação é o derretimento gradual do ego e todas as suas respostas familiares: raiva, medo, ressentimento, ciúmes e a constante necessidade de se comparar aos outros.

Você pode se ver sendo guiado nos seguintes estágios:

OS ESTÁGIOS DA MUDANÇA PESSOAL

1. *Ficar contido*: Estou acostumado a agir dessa forma. É assim que eu sou. A situação me chama a reagir dessa maneira. Qual é o problema? Eu não tenho problema.

2. *Primeiras dúvidas*: Minha reação não me parece certa. Sinto pontadas de culpa. É como se eu não conseguisse parar, mas gostaria de conseguir.

3. *Autoquestionamento*: Preciso parar de reagir dessa maneira. Não faz sentido; não me parece mais adequado. Se eu for mudar, tenho que deixar esses hábitos.

4. *Buscando a mudança*: Eu me pego reagindo e faço o meu melhor para parar. Os outros sabem que quero mudar, e me ajudam e me encorajam. Eu noto que as pessoas não reagem do modo como faço. Quero ser como elas.

5. *Encontrando a mudança*: Eu tenho mais controle sobre minhas reações. Aprendi como deixar passar. Não encontro satisfação alguma no modo como eu costumava me comportar. Nem mesmo reconheço a pessoa que costumava ser.

6. *Reintegração*: Sou uma nova pessoa. Há traços das minhas velhas reações, mas elas não me influenciam. Não penso em quem eu costumava ser. Tenho clareza de quem sou e estou feliz com a pessoa que vejo por dentro.

Embora a sincronicidade seja vivenciada de maneira particular e subjetiva, estar familiarizado com esses seis estágios de mudança pessoal é muito útil para qualquer líder. Como líder, seu papel é motivar as mudanças, portanto você precisa reconhecer seus sintomas. As pessoas raramente têm uma epifania que os faz, como o sr. Scrooge,* trocar o muito mau pelo muito bom. Na vida real, Scrooge flerta com o fato de ser mais simpático e menos mesquinho, dá pequenos passos em uma nova direção e tem recaídas com frequência. Mas a mudança está ocorrendo. Como líder, você pode encorajar cada passo desse caminho notando e demonstrando empatia. Considere-se como uma parteira diante de um parto frágil. Expresse

---

* Ebenezer Scrooge é o personagem principal do livro *Um cântico de Natal*, de Charles Dickens. (N. da T.)

seu reconhecimento aos menores sinais do novo à medida que eles vão surgindo.

Esteja aqui no presente.

Nos últimos anos o poder do agora tornou-se um dos tópicos espirituais preferidos. Estar presente tem um apelo inegável. O contentamento e a felicidade só podem ocorrer exatamente nesse momento. Se você perde tempo com alegrias do passado e deseja felicidade no futuro, elas nunca serão suas agora. Mas o presente é ardiloso. Por definição, o agora dura apenas uma fração de segundo antes que se torne passado.

Há circunstâncias que as pessoas vivenciam que estão totalmente presentes. Sua existência torna-se livre de todas as apreensões. Uma iluminação interior preenche tudo o que é visto. O mundano é transformado no extraordinário, o banal torna-se brilhante. Ao mesmo tempo, entretanto, elas sentem uma perturbadora perda de equilíbrio. O momento presente pode parecer muito com uma queda livre. Não há cordas para amarrar-se ao passado, presente e futuro. Nada mais é uma certeza.

Portanto, é melhor adaptar-se ao presente por etapas. Sua alma está sempre no presente, portanto não é ao agora que você tem de se agarrar. Respeite a sua parte que quer se apegar ao familiar. Encoraje a parte que quer estar aberta para o novo. Aqui vai uma nova maneira de assimilar esse processo:

- Esteja centrado. Se você notar que perdeu seu centro, faça uma pausa e retorne.

- Mantenha-se aberto ao que lhe cerca – deixe que as informações e impressões fluam livremente.

- Se você se pegar dizendo ou fazendo o que normalmente faz, preste atenção em si mesmo. Faça uma pausa e recue. Não há problema em não reagir. Deixe um espaço vazio para algo novo.

- Valorize o momento presente. Perceba o que é acalentador em relação a ele. Gaste um momento para realmente olhar para as pessoas com as quais você está.

- Se o julgamento, a raiva ou a ansiedade começarem a colorir seu humor, não resista. Diga ao sentimento negativo que você dará atenção a ele em seguida. Cumpra sua promessa mais tarde entrando em contato com o sentimento novamente para ver se você ainda precisa lidar com ele.

- Espere o melhor. Procure por sinais positivos na situação. Esses sinais podem vir de outras pessoas, mas podem também ser simplesmente um bom sentimento que está no ar. Peça ao sentimento bom para entrar e elevá-lo.

- Não abra portas ao passado. Nostalgia e reviver momentos passados pode ser agradável, mas ao mesmo tempo é dada a entrada às partes ruins sobre o passado. Se velhas lembranças lhe vêm à mente, olhe para elas e deixe-as ser o que são, mas não faça nada efetivamente com relação a elas.

Ao meditar e permanecer centrado, você terá lampejos do presente de forma bem rápida. Quanto mais você expande sua consciência, de maneira mais natural você estará presente sem esforço. Um dos sinais mais óbvios é que você se sente mais leve fisicamente, mas qualquer experiência de se sentir mais satisfeito, seguro, acolhido, preenchido por luz, elevado ou inspirado é uma dádiva do momento presente. Com o tempo esses momentos estarão fundidos em uma experiência contínua. Quando isso acontecer, o agora será seu lar para sempre.

Entenda a harmonia dos conflitos contidos.
A alma não se envolve em conflitos. Quando você se sente impulsionado a defender sua noção do que é certo e errado, você cer-

tamente pode mantê-la e atingir algo benéfico. Há muitas coisas erradas para serem confrontadas neste mundo. Entretanto, você não estará agindo com a alma. Espiritualmente, o modo de lidar com a eterna guerra entre a luz e a escuridão, o certo e o errado, a criação e a destruição é ir além da batalha.

Quando isso acontece, você vê que os inimigos explícitos são aliados implícitos: nenhum lado pode existir sem o outro. Não há nenhum bem para se batalhar, a menos que alguém seja considerado ruim ou errado. Sei que essa é uma mudança difícil; todos nós podemos pensar em horrores que parecem não ter limites e que devem ser combatidos. Mas deixe os argumentos morais por um instante e considere como a Natureza trabalha. Quando dois animais são predador e presa, como o leão e a gazela, a vida os inclui no mesmo ciclo. Quando uma rosa desabrocha, ela junta-se com o húmus que transforma as flores mortas em composto. O húmus não é bonito; a decomposição cheira mal, diferente da fragrância de uma rosa. Ainda assim, um não existe sem o outro. Para ir além do bem e do mal, basta ver simplesmente o conjunto maior que engloba os opostos. A totalidade contém conflitos, mas eles servem ao bem maior mantendo a criação e a destruição em equilíbrio.

Um motivo pelo qual podemos perder as oportunidades que a alma nos proporciona é que encerramos nossa experiência antecipadamente, rotulando certas coisas como inaceitáveis. Para as pessoas pacíficas é inaceitável usar a força. Para pessoas reservadas é inaceitável perder o controle das emoções. Se você olhar para o seu sistema de valores, poderá fazer uma lista pessoal do que "eu jamais vou fazer". Reserve um tempo para fazer essa lista. Assim que terminá-la, perceba o seguinte: você está amarrado às coisas que resiste. Essa ligação é inconsciente, mas ainda assim poderosa. E se você tivesse um pai ou uma mãe violentos e cresceu jurando a si mesmo que jamais infligiria esse tipo de mal pelo qual passou? Sim, conscientemente você se tornaria uma pessoa melhor, mas inconscientemente teria definido a si próprio com base no seu agressor, limitando sua liberdade de vivenciar tudo.

Resista a fazer uma interpretação moral. Não estou dizendo que você deveria escolher ser violento com os outros, de maneira alguma. Em vez disso, olhe para os compartimentos fechados que precisam ser abertos. Por exemplo, muitas crianças que sofreram maus tratos acham muito difícil confiar em qualquer pessoa depois de crescidos; a confiança é um compartimento fechado. Outros acham difícil demonstrar compaixão por pessoas "más"; outras ainda adotam códigos rígidos de comportamento que impõem para si e para outras pessoas. Quando a alma traz mensagens de compaixão, receptividade e não julgamento, a pessoa se fecha porque isso não se encaixa em suas crenças solidificadas. Existe resistência no lugar de receptividade.

Isso é compreensível, mas em termos de sincronicidade compartimentar sua mente é muito limitante. Você recebe somente o que é aceitável. E se souber o que é bom ou ruim com antecedência, você não tem a real necessidade de uma alma. Não tem intenção de crescer além do seu sistema de crenças preestabelecido. Mas a alma é toda crescimento. Para ser receptivo à harmonia dos conflitos contidos, pratique os seguintes passos:

- Tenha visão de longo prazo. Tente ver como as piores coisas do seu passado o beneficiaram. Tenha fé que as adversidades do presente também o beneficiarão em sua jornada.

- Perceba que todos são definidos pelo seu nível de consciência. O que parece fácil mudar a partir da sua perspectiva parece extremamente difícil da perspectiva de outra pessoa.

- Aceite que cada um está fazendo o melhor possível a partir do seu nível de consciência. Isso pode ser difícil quando os outros estão fazendo coisas que você desaprova fortemente. No entanto, você pode chegar mais perto da aceitação se acrescentar um segundo ponto: não importa o quanto as pessoas se comportam mal, elas, também, possuem uma alma, o que significa que em algum nível anseiam por mudanças positivas.

- Investigue em profundidade como a Natureza equilibra a criação e a destruição. Gestação, nascimento, crescimento, maturidade e decomposição existem em todos os níveis do cosmo. Em vez de se prender somente em um aspecto desse ciclo, opte por abarcar todos. É assim que a sua alma vê a realidade.

- No nível comportamental, lute por uma boa causa se ela clamar por você, mas evite ser uma força polarizadora. Faça o que for preciso para ver algum bem no seu adversário. Demonstre respeito, e faça um esforço redobrado para negociar antes que a briga comece. Evite se relacionar com pessoas que só conseguem ver o bem a partir do seu ponto de vista. Qualquer um que difama o outro lado está criando inimigos, o que afinal é mais destrutivo do que qualquer outra coisa. Você pode sair vitorioso, mas seus inimigos persistirão depois que o conflito terminar.

Encoraje a união; desencoraje as cisões.

Na seção sobre formação de equipes discutimos o valor de negociar as diferenças para que o grupo não se fragmente. Agora temos que enxergar de um modo mais profundo. Você se encarregou da parte de liderar com a alma porque está em uma jornada pessoal, a jornada por uma consciência maior. Conforme é visto pela alma, sua visão será enfim realizada apenas quando você atingir a iluminação. A iluminação trata da reconciliação dos opostos. A unidade substitui as diferenças; a plenitude torna-se uma realidade viva. Nesse ponto, tudo o que é humano será parte de você.

Sabendo que esse é o ponto final da sua jornada, aja como se já tivesse chegado. Seja uma força que reconcilia os opostos. Os opostos começam com você. Eles encontram voz em algumas respostas típicas:

Eu tenho um anjo em um ombro e um demônio no outro.
Sinto-me ambivalente. Não consigo me comprometer.
Alguns dias eu amo a pessoa com quem estou. Outros dias não há amor algum.
Eu oscilo entre a autoestima e o sentimento de não ter valor.
Eu sou real ou sou uma fraude? Tenho medo de que alguém veja através de mim um dia e me exponha.
Eu sou adulto, mas ainda me sinto tão desprotegido quanto uma criança.
Se os outros me amam, por que me sinto tão só?

Essas são crenças de alguém que está dividido quanto a si mesmo. Essa autofragmentação fica projetada no exterior. Torna-se impossível aceitar verdadeiramente os outros quando você tem sérias dúvidas sobre si mesmo. Essa é uma das leis imutáveis da espiritualidade. Por trás dela há uma verdade maior: você pode dar somente o que tem para dar. Se não possui autoestima, não consegue encontrar valor nos outros. O mesmo acontece com o amor, a compaixão e o perdão. Você os terá para dar uma vez que também os tenha dentro de si.

A sociedade não nos ensina como crescer espiritualmente e, portanto, a maioria das pessoas fica atada aos jogos intermináveis dos opostos. A maioria dos líderes, na verdade, são pegos na armadilha da criação de divisas porque ela os serve de algum modo. Estimulam os vencedores, em vez dos perdedores. Querem mais para "nós" e menos para "eles". Identificam rivais a serem vencidos, fatias de mercado a serem conquistadas, empresas frágeis a serem engolidas e áreas onde nenhuma concessão é permitida.

Aqui, liderar com a alma é simples: se você tiver que derrubar alguém para se sentir maior, não o faça. Procure por motivos positivos para melhorar sua situação sem precisar de um adversário. Cure suas cisões, e assim você irradiará um sentimento de valor e não precisará derrubar mais ninguém. O lema da alma é: "Eu sou suficiente", e conforme sua alma se expande, você se tornará autossuficiente. A partir desse ponto, você demonstrará a generosidade e a compaixão pelos que caíram; essa é a marca registrada dos grandes visionários.

Esteja alinhado com uma nova crença: "Eu sou o mundo."
Aqui também você pode viver o objetivo antes de atingi-lo. Nenhum de nós foi criado para acreditar que somos o mundo. Essa frase soa praticamente ininteligível. Até mesmo o ego coraria com tamanho exagero. Mas dizer: "Eu sou o mundo", é na realidade ser humilde. É a constatação de que você é um fio na trama da vida. Da mesma forma que o código completo do DNA está incluso em cada célula, você contém cada aspecto da consciência. Das coisas que o mundo é feito, você também é. Você não deixa nada de fora, a não ser por opção própria. Há muitas escolhas desse tipo, e todos nós as fizemos.

Todo rótulo com o qual você se identifica exclui alguma coisa: minha raça, meu gênero, minha nacionalidade, minha educação, meu status. Cada rótulo é uma coisa, mas ao possuir essa coisa, você afasta muitas outras: todas as outras raças, nacionalidades, níveis de educação, papéis sociais e pessoas do gênero oposto. Os rótulos são defensivos. Não é por acaso que lhe permitem rejeitar tudo o que seja "não meu". A vida fica muito mais segura quando você desenha um círculo ao redor da sua identidade e não dá um passo fora dele.

Existem dois tipos de líderes, então: aqueles que defendem o círculo e aqueles que olham além dele. A primeira posição é muito mais fácil de adotar; as pessoas normalmente ficam inseguras sem suas defesas, portanto quanto menor for o círculo, melhor elas se sentem. O segundo papel pertence ao visionário. Esse papel fala a anseios mais profundos. Por dentro, todos nós sabemos que os seres humanos são um só. A mesma alegria e o mesmo sofrimento penetram cada vida. Esse conhecimento é algo que tentamos excluir, mas não conseguimos afastá-lo totalmente porque sermos humanos vem da alma. Insistir que o mundo de fora é o "não meu" é irreal. Não importa como você representa sua família, tribo, raça ou nacionalidade ao seu redor, o resultado não é mais segurança, mas isolamento e ilusão.

A real liberdade está fora do círculo. São as pessoas com quem você jamais esperava criar um laço, os pontos de vista que são completamente diferentes do seu e as ideias que nunca considerou que vão libertá-lo. Falamos sobre ir ao encontro das necessidades, sua e do grupo. Mas as necessidades são apenas pontos de partida para um objetivo: libertar o espírito. "Eu sou o mundo" afirma que sua natureza real é espiritual. Fala sobre querer vivenciar tudo. Se você estiver alinhado com esse profundo anseio, será guiado pela alma todos os dias da sua vida. Nada poderá atrapalhar seu caminho quando você deixar de lado a noção tola de que deve aceitar limitações. Por natureza você é ilimitado.

Ao fim da jornada você será pleno. Todas as divisas internas que fizeram brotar dúvidas e conflitos serão curadas. Então, qual o benefício em adiar esse dia? O desconhecido é um ímã que o atrai para a libertação. Quando procura pelo próximo horizonte, está chegando a um novo lugar dentro de você. Cada lugar novo sussurra que a alma está próxima, até o dia em que você irá fundir-se com ela, e o seu ser e o Ser eterno serão um só.

AS LIÇÕES DA SINCRONICIDADE

- Liderar com a alma significa ganhar o apoio dos poderes invisíveis. Você espera que os milagres venham ao seu encontro. Você confia em sua alma para organizar acontecimentos que ocasionem os melhores resultados.

- A sincronicidade não é mística. É a evidência da inteligência oculta que permeia o universo. Essa inteligência coordena tudo na criação e se você estiver aberto a ela, ela coordenará a criação da sua visão.

- Em termos espirituais, todo visionário está em uma jornada pessoal. Cada necessidade que você preenche, para você ou para o grupo, é um ponto de partida para a libertação. Quando você for livre, estará completo. Olhando para trás, verá que todo milagre, grande ou pequeno, era a coisa exata de que você precisava para alcançar a realização.

O QUE FAZER HOJE

A sincronicidade é normal uma vez que você remove os obstáculos que a bloqueiam. Hoje você pode fazer isso despindo-se dos rótulos. Quando você diz: "Eu sou X", está se rotulando. Quanto mais você se identifica com qualquer rótulo, mais fechado estará. Você perderá todo tipo de experiência que cai na categoria de "não meu", o que na realidade não é apenas o seu rótulo, que é algo muito diferente. Na ausência de rótulos, você ficará muito mais confortável com todos e com tudo. "Tudo isso sou eu" é a maneira ideal de se viver. Para despir-se dos rótulos, aqui vão algumas sugestões:

- Em vez de ser rotulado pelo seu nome, faça uma doação anonimamente para uma boa causa.
- Em vez de ser rotulado por sua raça, trabalhe como voluntário por uma causa que ajude minorias.
- Em vez de ser rotulado pelo gênero, junte-se a um grupo que ajuda mulheres que foram espancadas ou que dá abrigo a homens sem-teto.
- Em vez de ser rotulado por seu trabalho, passe algum tempo fazendo um trabalho de menor prestígio.

- Em vez de ser rotulado pelo dinheiro, vá à parte mais pobre da cidade e faça um trabalho voluntário lá.

Muitas dessas sugestões são qualificadas como bons trabalhos a serem feitos, mas a intenção delas é levá-lo além da noção restrita de quem você é. Se carrega seus rótulos com você aonde quer que vá, será restringido por eles. Portanto, aborde essas sugestões com a intenção de tornar-se parte da cena, envolvendo-se de forma a compartilhar espiritualmente. Meça seu sucesso livrando-se dos rótulos, o que também faz com que as outras pessoas dispam-se dos seus. Isso parece estar acontecendo?

Um líder deve aspirar ser a alma do grupo. Você pode atingir esse objetivo em qualquer grupo a partir do momento em que vê a alma em todos. Na expressão "todos os homens são criados iguais", o verbo está no tempo presente. Isso não quer dizer que todos os homens (e mulheres) "*foram* criados iguais". A criação acontece a todo momento. A vida nos revigora e renova. Se você permitir que esse processo o toque profundamente, não precisará de rótulos de nenhum tipo. Ser uma onda no oceano da vida será glorioso o suficiente.

PARTE DOIS
DOIS QUE LIDERAM COM A ALMA

8

JEREMY MOON
Fundador e CEO da Icebreaker

A Icebreaker é uma pequena empresa que colocou a lã do carneiro merino da Nova Zelândia no mapa. Nada com relação ao desenvolvimento dessa iniciativa foi convencional. Quando a Icebreaker tinha dez anos, em 2005, um repórter local descreveu sua matriz em Wellington, na Ilha do Sul da Nova Zelândia, como tendo "a aparência e a sensação de uma gigantesca festa de estudantes", enquanto o fundador, Jeremy Moon, tinha "olhos arregalados e cabelos desgrenhados". Entretanto, por trás dessa casualidade jovial, ele estava repensando seriamente sobre como uma empresa deveria estar diante do mundo, e o que uma nova empreitada deveria significar.

Jeremy possibilitou que sua empresa crescesse fazendo de cada passo um passo da sua própria jornada, na qual uma visão se desenvolvesse primeiramente na consciência, e depois tomasse forma no mundo real dos negócios. Sua história é a de um jovem que teve uma única experiência que mudou sua vida. Hoje a Icebreaker é o esforço sólido de uma equipe focada em construir a empresa de roupas mais sustentável do mundo. Essa empresa utiliza uma belíssima lã de merino renovável e biodegradável proveniente dos Alpes do Sul da Nova Zelândia. Na visão de Jeremy, esse esforço é plenamente fiel à primeira experiência que despertou seu entusiasmo.

QUANDO INICIEI a Icebreaker eu tinha 24 anos, não tinha dinheiro tampouco a menor ideia do que estava fazendo. Mas fui levado por uma paixão pelo que vi que era possível, e a crença de que poderia fazer aquilo acontecer. Essa paixão foi despertada quando conheci um fazendeiro produtor de lã do carneiro merino. Do outro lado da mesa ele jogou para mim uma camiseta feita com o tecido da lã do merino que ele mesmo havia produzido. Ela era macia e tinha um toque sensual, não se parecia em nada com a lã comum. A camiseta poderia ser lavada na máquina de lavar roupas; era sedosa, macia e não coçava a pele, além de o tecido ser leve em vez de pesado.

Eu pensei: Uau! Isso é incrivelmente bonito, prático e natural. Esse é um produto que eu poderia vender para o mundo todo. Veja você, desde o primeiro momento me imaginei voando pelo planeta e me divertindo. Eu não fazia ideia de como um negócio com base na lã do merino poderia funcionar, mas tinha um sentimento forte de que conseguiria fazer acontecer. Meu conhecimento é em antropologia cultural e marketing, portanto eu tinha interesse no significado dos objetos e sabia como desenvolver um plano para manter as ideias vivas.

Eu me enterrei em meu quarto por dois meses pensando em como poderia construir uma marca internacional da Nova Zelândia. Isso precisaria de uma visão. A Nova Zelândia não é o melhor lugar para se construir uma empresa – ninguém sabe onde estamos e nós não temos vizinhos. Mas é um lugar ótimo para se morar e se conectar com o mundo. Meu plano de negócios delimitou os passos básicos que teriam de acontecer para transformar esse sonho em realidade. Quem estaria na equipe? Como levantaríamos dinheiro? Como iniciaríamos a fabricação e venderíamos nossos produtos?

Eu me enchi de coragem para sair do meu emprego e pegar capital emprestado. O processo foi lento. Levou cinco anos para que eu entendesse o que estava fazendo. Esses anos foram puro desejo e perseverança. Eu despendi uma quantidade enorme de trabalho árduo e enfrentei igualmente uma enorme quantidade de frustração e medo. Eu trabalhava de setenta a cem horas por semana. Tinha de me comprometer totalmente com o negócio porque se ele não desse certo, eu estaria arruinado. Nem por uma vez sequer perdi a capacidade de ter a visão geral. Jamais duvidei de que era possível ser bem-sucedido. Meu mantra era: "Isso vai dar certo se eu não estragar tudo." Assumi a responsabilidade total pelo meu futuro.

Aprendi algumas coisas sobre liderança nos últimos 15 anos, e gostaria de compartilhá-las com você. Para mim, liderança tem sido uma jornada evolutiva. Alguém me disse que quando você está tocando seu próprio negócio tem mais progressos e quedas em um mês do que a maioria das pessoas tem em um ano. Para mim foi exatamente assim. Cada dois anos aproximadamente eu tinha de revisar de maneira crítica meu desempenho pessoal e o da empresa para encontrar formas melhores de liderar as pessoas com quem eu trabalhava e oferecer produtos melhores para nossos clientes.

Não comecei querendo ser líder. De certa forma interessei-me de maneira intensa pela fibra da lã do merino por causa da minha identidade como neozelandês, meu amor por aventura e minha crença na Natureza. A liderança começou quando tive que recrutar pessoas que se encaixassem no conceito da Icebreaker. Dinheiro não era tudo. Queria encontrar pessoas que se envolvessem e que pudessem me ajudar. Eu tinha as ideias e as crenças, mas não tinha experiência ou sabedoria. Amigos me apresentaram aos pais que tinham sido bem-sucedidos nos negócios. Um deles, um banqueiro, perguntou-me onde estava meu relatório financeiro. "O que é um relatório financeiro?", eu perguntei. Ele se ofereceu para me mostrar, e depois de três semanas de treinamento conseguimos nossas primeiras projeções financeiras.

Um investidor pioneiro me ensinou a importância dos funcionários para os negócios. Descobri que era fundamental fazer com que todos se sentissem parte da Icebreaker, e aprendi a administrá-la como uma família estendida. Isso me atraía, pois venho de uma família unida e queria algo que as pessoas pudessem compartilhar entre si.

Coloquei mais da metade do meu capital inicial na concepção da marca. As pessoas achavam que eu tinha enlouquecido, porém mais do que qualquer coisa eu queria criar uma história intensa e norteadora da marca que fosse verdadeira e real. É a história de uma fibra que cresce em um animal que vive nas montanhas da Nova Zelândia, uma fibra que pode ser desenvolvida para um tipo de vestimenta que permite às pessoas voltarem para as montanhas e se religarem à natureza. Exploramos esse ciclo profundo e poderoso para criar uma história visual cativante que inspirasse a criação do produto. Eu adorava isso. Eu me sentia vivo. Minha criatividade estava despertando.

Para um país que é conhecido por três coisas — aventura, belezas naturais e ovelhas —, era irônico que todo o mercado voltado a roupas esportivas e atividades ao ar livre na Nova Zelândia fosse dominado pelos sintéticos com base no poliéster e polipropileno. Por que não podíamos usar algo natural? O merino é tecnicamente uma fibra de alta performance que ninguém conhece. Era uma grande oportunidade, mas as barreiras de entrada eram enormes. Quando entrei nesse mercado, os sintéticos dominavam e a lã estava totalmente ultrapassada. Cabia a mim convencer as pessoas do contrário.

Minha primeira funcionária foi Michelle Mitchell, uma boa amiga que depositava tanta confiança no que eu estava fazendo que largou sua carreira em direito para se juntar a mim. Juntos começamos a desenvolver os valores principais do negócio. Michelle me disse: "Uma pessoa íntegra é a mesma no trabalho e nos momentos de lazer." Achei essa ideia inspiradora e imediatamente me comprometi a colocá-la no coração da Icebreaker. Nós nos abrimos para receber informações de todos os lados. Nossos revendedores nos ensinaram sobre a indústria da moda e me deram retorno sobre o que funcionava e o que não funcionava. Nossos fornecedores nos ensinaram como fazer roupas, como usar um depósito e como entregar nossas mercadorias. Eu também estava aprendendo sobre as outras pessoas que estavam entrando no negócio. Algumas noites eu ficava tão animado que não conseguia dormir. Sentia minha mente e minha alma se expandindo.

Nós esgotamos a maior parte do nosso capital no primeiro ano e tínhamos quarenta revendedores no segundo ano, quando a primeira receita começou a entrar. No nosso terceiro ano, mais três funcionários foram contratados, todos jovens e sem experiência. Nada parecia funcionar da forma como queríamos, e tudo era difícil. Houve frustração e lágrimas, e muitas e muitas horas trabalhando até tarde da noite. Mas estávamos convencidos de que a Icebreaker seria bem-sucedida. Lentamente aprendemos como trabalhar como equipe. Começamos a fazer experiências com a modelagem das roupas. Colocávamos as roupas sobre a mesa dispondo pedaços de tecidos cortados por cima para ver como ficava. Não era de surpreender que o nosso estilo inicial era simples, mas havia certa beleza nele: era honesto, funcional e o tecido tinha uma bela aparência e toque macio.

Sabíamos que estávamos criando algo especial porque nossos clientes continuavam voltando para pedir mais. Eles nos diziam que as roupas da Icebreaker tinham um toque fantástico, funcionava de maneira brilhante, durava anos e era a melhor coisa que já haviam usado. Uma mudança importante veio quando começamos a adicionar cor nos produtos. Eu sei, parece inacreditável que uma empresa ligada à moda não percebera que cor era importante. Nossas primeiras peças eram azuis e brancas, e então acrescentamos o verde, vermelho e preto. ("Quem vai comprar preto?", eu disse. Hoje é a cor campeã de vendas.)

Conforme crescíamos, descobrimos que quando as peças de roupa leves de merino eram usadas uma por cima da outra, o ar ficava preso entre as camadas, aumentando o nível de isolamento – as camadas uniam-se como numa única peça, porém mais quente. Esse foi um avanço revolucionário, e nos inspirou a expandir a Icebreaker de uma confecção de roupas leves, de baixo, para uma completa linha de produção de roupas mais quentes. Quinze anos mais tarde, agora com filiais em oito países, compramos um quarto de toda a lã de merino fina produzida na Nova Zelândia, exportamos nossas roupas para trinta países e temos milhões de clientes pelo mundo todo. Prometi que nos próximos 15 anos atingiremos coisas extraordinárias e ajudaremos a reformular a cara dos negócios durante o processo.

Para mim, liderança começou como uma paixão por uma ideia. Agora a meta é inspirar outras pessoas a descobrirem seu potencial. Tenho orgulho de dizer que as pessoas-chave que construíram a Icebreaker comigo naqueles primeiros anos ainda são peças importantes do negócio. Outros 250 funcionários juntaram-se a elas. É essa equipe, junto com nossos fornecedores, nossos clientes e nossos valores, que determinarão o que a Icebreaker se tornará no futuro.

JEREMY MOON E L-E-A-D-E-A-R-S

Depois de relatar sua jornada com a Icebreaker, Jeremy analisou sua experiência de ser líder usando o acrônimo L-E-A-D-E-A-R-S (LÍDERES). Sua resposta foi detalhada e inspiradora ao mesmo tempo.

Lembre-se de observar e ouvir: No princípio fiz a mim mesmo duas perguntas essenciais: a quem deveríamos ouvir e por quê? O produto não existia ainda, portanto eu tinha de prestar atenção ao que estava acontecendo ao meu redor. Os clientes da Icebreaker queriam um produto que fosse real e autêntico. Eles nos disseram que queriam roupas com alta performance, que fossem duráveis e que os ajudassem a se reconectarem com a Natureza.

Descobri que nossos clientes gostavam de compartilhar seu conhecimento com pessoas mais jovens que estivessem ávidas por aprender. Meu primeiro cliente me disse que eu era um bom ouvinte. Ser um bom ouvinte é uma situação ganha-ganha e uma ótima maneira de construir um relacionamento.

Eu também ouvia a diretoria da Icebreaker, que se reunia durante meio período uma vez por mês. Eles faziam as perguntas mais importantes: Como a Icebreaker estará em três anos? Estamos investindo o suficiente no futuro? Como está a saúde interna da organização? Que assuntos estratégicos precisam ser endereçados? Quando eu estava enfiado nas trincheiras dos detalhes do dia a dia de tocar uma empresa, essas perguntas me faziam focar no todo. Para mim, liderança sempre teve relação com fazer as perguntas certas para acionar o próximo passo da evolução.

O volume de perguntas diminuiu conforme o quadro ia se tornando mais claro e eu desenvolvia minha capacidade de liderar, mas ainda é crucial fazer as perguntas mais pontuais e profundas. O que é realmente importante? Como um negócio pode contribuir para a sociedade? Como uma organização pode ser um veículo de conscientização? A jornada evolutiva não termina nunca; portanto, você não deve jamais parar de observar e escutar.

Estreitando vínculos emocionais: O mundo ficou mais rápido e há mais tecnologias, mas os negócios não mudaram tanto. Tudo gira em torno dos relacionamentos. Os relacionamentos da Icebreaker são com os fornecedores, revendedores e clientes. Não fazemos propaganda, e ainda assim conseguimos construir um negócio de bom tamanho baseado apenas no boca a boca positivo.

Dependemos da construção de um vínculo emocional. Uma maneira foi através da criação do Baacode, um programa que permite com que o cliente acompanhe a fibra da sua roupa por todo o caminho de volta até a estação onde o carneiro foi criado. Por ser transparente, o Baacode nos permite estabelecer padrões por toda a cadeia de fornecimento no que diz respeito à qualidade, gerenciamento ambiental e o tratamento de animais e pessoas.

Nosso relacionamento interno também é muito importante para mim. Os primeiros funcionários eram amigos, pessoas com as quais eu já me dava bem. Éramos todos um pouco loucos e compartilhávamos o mesmo sentimento de aventura. Eu me tornei bastante consciente do impacto que cada pessoa teve na equipe. Pessoas novas tiveram que ser capazes de se dar bem com as que já estavam no grupo. Não queríamos que todos fossem iguais, mas queríamos uma sinergia real entre o grupo.

Temos uma cultura altamente vibrante e divertida na Icebreaker. É um lugar muito criativo; há um forte sentimento de estímulo e propósito. Meu trabalho é assegurar a preservação dessa cultura e nunca tomá-la como certa. Ficará mais difícil conforme formos crescendo com o passar do tempo e nos tornarmos uma empresa bilionária, mas sei que é possível conseguir. Quando reflito sobre o papel da liderança no vínculo emocional, a ideia central retorna: como as pessoas podem ser estimuladas a contribuir? As pessoas comprometem-se totalmente com um negócio apenas quando sentem que verdadeiramente fazem parte dele.

Ampliando a consciência: A liderança requer que você tenha consciência do seu impacto sobre outras pessoas. Em um livro maravilhoso chamado *Liderança para um mundo melhor* em que é coautor, o Dalai Lama fala sobre, em primeiro lugar, encontrar a visão certa e, depois, encontrar o caminho certo. A consciência da visão certa é fundamental nos negócios: é fácil olhar por um ângulo, mas você precisa de quase 360 graus de visão. E então o caminho certo indica a coisa certa a ser feita baseada em seus valores, sua ética e o propósito do negócio. Na Icebreaker temos um processo que nos ajuda a integrarmos nossa perspectiva. Quando estamos criando novos produtos e novos sistemas, buscamos as visões de todos os que são afetados. A melhor decisão que tomamos contempla uma visão completa do que está acontecendo, e isso revela o caminho certo.

Minha grande virada em termos de consciência veio quando comecei a ver a Icebreaker como um modelo de negócio. Chamamos nosso modelo de Ecossistema porque ele equilibra ecologia, economia e recursos. Nosso objetivo é a sustentabilidade do lucro. Quando você está verdadeiramente consciente, enxerga que o futuro tem de estar firmado em iniciativas sustentáveis, que é o que a Icebreaker tem sido desde o início.

Determinando-se a fazer: Sonhar e fazer: essas são as palavras de ordem quando o assunto é ação. É difícil levar uma vida com significado se você está apenas fazendo. O mesmo acontece com sonhar sem fazer. Não conheço ninguém que teve sucesso sem trabalhar arduamente por um objetivo. É a combinação que inspira as pessoas e as conecta com seu dharma, seu propósito. Eu sonho com a Icebreaker tornando-se líder em sustentabilidade e a empresa mais limpa do mundo. Podemos demonstrar que é possível construir um negócio bem-sucedido ao mesmo tempo que temos orgulho de quem somos, no que podemos contribuir e o que o negócio faz.

Para mim, um sonho inicia como uma possibilidade. Lentamente a possibilidade cresce e se transforma em uma onda de energia – um sentimento de estar alinhado com o objetivo da minha vida. Isso precisa de prática e confiança. Minha intuição não me decepcionou. As pessoas bem-sucedidas que conheço confiam na sua intuição. Elas analisam os fatos, mas depois se aprofundam em si mesmas e esperam que as respostas brotem – talvez no meio da noite, talvez no chuveiro, talvez quando estejam jogando tênis ou tomando vinho com amigos. Por isso é tão importante confiar em si mesmo para reconhecer o sentimento que está lá no fundo antes de colocá-lo em ação. Fazer está baseado na consciência.

Empowerment *ou fortalecimento do poder*: Quando você lidera um negócio, delegar poder está relacionado com permitir que as pessoas com quem você trabalha descubram seu próprio poder. Isso é poder espiritual, poder criativo, julgamento, poder mental e influência sobre os outros. O *empowerment* motiva as pessoas a contribuir. Elas se sentem valorizados e percebem que podem fazer a diferença. Quero que os outros sintam um poder crescente dentro de si mesmos. Se esse poder é positivo, eles se manterão leais a você e à organização. Se o poder é negativo ou motivado apenas por dinheiro, você será trocado por uma oferta melhor.

Desde cedo adotamos a cultura certa na Icebreaker, portanto, tudo evoluiu positivamente. É uma rede de relacionamentos autênticos. Receptividade, objetividade e honestidade criam o verdadeiro *empowerment* dentro da organização, e então os negócios crescerão até atingir coisas incríveis. Você também tem de saber quando renunciar ao poder. Para atingir o potencial de longo prazo da Icebreaker, tive de transferir a base do poder que estava comigo para a minha equipe de gerentes. Sete anos atrás, quando eu estava fazendo essa mudança, perguntei a um assessor empresarial como estava me saindo como principal executivo. Ele disse: "Você não é um principal executivo. Você diz às pessoas o que fazer e, além disso, tem vários relacionamentos individuais na empresa. Como você pode criar uma rede de relacionamentos dentro do negócio de forma que as pessoas possam pensar no que fazer por conta própria?"

Ouvir aquilo foi algo desafiante para mim, mas foi também um momento de virada. Quando comecei a Icebreaker eu tinha de fazer tudo sozinho. Foi difícil delegar e, por conta disso, os negócios cresciam lentamente. Levou quatro anos para chegar aos cinco milhões de dólares de receita, e eu era a força limitadora. Dois anos depois a Icebreaker estava fazendo 20 milhões de dólares. O que aconteceu nesse meio-tempo? Eu aprendi a delegar. Comecei a enxergar meu papel como sendo o de encontrar as pessoas certas dando-lhes poder para assumir as funções que eu achava que apenas eu poderia dar conta. Cinco anos depois o negócio bateu a casa dos 100 milhões de dólares e tem crescido fortemente desde então.

Delegar poder às pessoas é uma forma de dizer que você confia no julgamento delas e na sua capacidade de ter um bom desempenho. Você está lhes dando espaço para se expressarem. A Icebreaker tem tudo a ver com nossas pessoas. Como líder não posso me esquecer disso jamais. Os produtos vêm e vão, mas a cultura da nossa empresa deve continuar forte, saudável, receptiva, honesta e vibrante, se quisermos ter sucesso no longo prazo.

Responsabilidade: Eu costumava pensar que responsabilidade era um fardo. Agora sei que é liberdade de escolha. Quando você está à frente de um negócio, está tomando decisões sobre como fazer crescer esse negócio de forma ética. Isso significa entrar no desconhecido, o que sempre acarreta algum grau de risco. Existem dois tipos de risco: risco responsável e risco temerário. Sou um empreendedor. Sempre tive um senso de aventura. As pessoas acham que gosto de correr riscos, mas não é bem assim. Os riscos que corro com a Icebreaker têm sido riscos calculados. Eu tenho feito avaliações, optado pela visão certa e depois partido para a ação, sabendo que os riscos foram calculados. Para um líder, não assumir nenhum risco é o mesmo que abdicar da responsabilidade. O mesmo acontece quando há dificuldade em delegar e designar a outros o poder de assumir seus próprios riscos.

Para mim, esse tem sido um processo de maturação. Eu assumo a responsabilidade por nossos produtos e nossa marca e certifico-me de que estamos indo na direção certa. Mas o negócio não é tudo. As pessoas observam e ouvem o principal executivo, portanto preciso estar consciente do meu comportamento e como ele afeta as pessoas. Com isso em mente, assumo a responsabilidade pelo meu bem-estar. Preciso encontrar o equilíbrio certo entre trabalho, amor e diversão. Se todos nós conseguíssemos manter essas três áreas evoluindo continuamente, estaríamos levando uma vida rica e harmoniosa.

Sincronicidade: Os empreendedores com frequência falam sobre sincronicidade. Compartilhamos um sentimento de estar no lugar certo, na hora certa, porém é mais do que isso. Ao longo do caminho, nos vemos procurando por algo, frustrados com um problema que não conseguimos resolver, e então a solução repentinamente torna-se clara. Um encontro ao acaso colocou-me em contato com a lã do merino. Esse encontro permitiu que eu me conectasse em um âmbito internacional e vivesse o tipo de vida que queria viver. Um encontro ao acaso, a intenção de fazer algo ou o desejo de resolver um problema – a forma misteriosa que a sincronicidade entrelaça nossa vida dentro de um padrão é um tema comum para as pessoas que descobrem uma maneira de estar no controle de seu próprio destino.

Eu me sinto ainda mais "na zona" quando a sincronicidade está relacionada a um objetivo interior: minha capacidade de criar se intensifica, e também minha capacidade de inspirar as pessoas. Não estou sempre lá, mas quando estou a sensação é maravilhosa. O segredo é não ficar preso demais ou ficar muito ligado ao resultado. Estar aberto a novas possibilidades nos faz sentir vivos. Quando estamos em contato com nossa criatividade, é importante ouvir como é essa sensação. Acredito que a sincronicidade seja gerada a partir desse ponto. Esteja aberto a ele. Não tenha medo de declarar o que sua alma deseja. Vincule sua intenção ao desejo, e esteja disposto a ver aonde ele vai levar. A menos que você esteja conectado a um sentimento com um significado verdadeiramente pessoal, a sincronicidade não poderá ser verdadeiramente eficaz. Nossa capacidade de nos ligarmos com nossa intensão mais profundamente está no coração da nossa capacidade de inspirar e liderar as pessoas. E essa é a verdadeira essência da liderança.

Quando eu estava estudando marketing na universidade, ouvi falar de um princípio que mudou minha vida: "Para ter o que você quer nos negócios, você precisa dar aos outros o que eles querem." Essa é uma variação da Regra de Ouro, um código de ética que pode ser encontrado em muitas culturas do mundo: "Trate os outros como você gostaria de ser tratado." Para seguir essa maneira de pensar, você precisa se fazer uma pergunta: o que eu quero? Na minha opinião, se for apenas pelo dinheiro, esqueça. A ganância tomaria conta, e eu estaria fadado ao fracasso. Em vez disso iria querer o desafio de criar algo maior que eu, alguma coisa que pudesse ter a contribuição de outros.

A alma da liderança

Como os negócios podem ser uma força do bem? Precisamos desafiar a metodologia da velha escola de explorar os recursos, o meio ambiente e os trabalhadores puramente por lucro. Imagine uma sociedade em que os líderes empresariais fossem conhecidos por sua capacidade de inspirar as pessoas e criar grandes empresas em vez de serem conhecidos apenas por sua capacidade de fazer dinheiro. Esse é o tipo de sociedade em que quero viver, e essa é a nova safra de líderes que quero ver surgindo pelo mundo afora.

9

RENATA M. BLACK
Diretora e fundadora da Fundação Seven Bar

∽

Dos líderes que estão mudando o jeito de fazer caridade no mundo, uma das mais inspiradoras é Renata M. Black. Ela transpira juventude e entusiasmo sem limites. Quando era adolescente, Renata teve uma ideia para ajudar os necessitados, e passo a passo levou seu sonho adiante ao ponto de ter um impacto global. Sua fundação traduz lucros em microcréditos, uma mudança revolucionária do modelo antigo de caridade que recorre à doação do rico para o pobre. A Fundação Seven Bar, iniciada por ela, é uma iniciativa social baseada em uma simples observação: que a lingerie de luxo da Europa era um nicho de mercado inexplorado nos Estados Unidos. (Ela gosta de dizer que a Seven Bar usa a sensualidade e a sedução para criar um impacto social.) Através de pontos de venda no varejo e desfiles de moda, a lingerie estampada com o logo da Seven Bar está usando seu sucesso para oferecer microcréditos a mulheres do mundo todo.

A dura realidade é que não há doadores suficientes para aliviar todos os problemas que poderiam ser evitados. O obstáculo não é a falta de generosidade. Em 2010, a estimativa da doação dos Estados Unidos é de 316 bilhões de dólares para causas beneficentes. Mas até mesmo essa generosidade convicta tem um limite: assim que você dá a uma mão estendida pedindo ajuda, outra imediatamente a substitui. Renata fez uma pergunta revolucionária: "E se pegássemos uma porcentagem desses 316 bilhões e investíssemos em organizações sem fins lucrativos que se tornariam entidades autossustentáveis?" Para ela, as entidades não lucrativas precisam trabalhar de forma mais inteligente e não mais árdua. A situação do mundo não pode depender de esperanças e da generosidade imprevisível de doadores.

Havia razões específicas para a Seven Bar ter como meta microcréditos para mulheres. "Eu escolhi as mulheres como veículo para a mudança transformadora", diz Renata, "porque, colocando de forma simples, elas são a raiz de uma sociedade onde tudo cresce. A educação das crianças, o ambiente familiar, os cuidados com a saúde, o crescimento da população – tudo isso depende das mulheres e das escolhas que elas fazem. Eu também sinto que as mulheres, sendo as educadoras, têm maior possibilidade de gastar seus lucros com o bem-estar de seus filhos que os homens. Portanto, quando você investe nas mulheres, está ajudando a romper o ciclo de pobreza da geração seguinte."

Como outros que lideram com a alma, Renata viu uma nova tendência na consciência coletiva. Mais consumidores estão fazendo escolhas baseadas em valores pessoais. Como ela mesma coloca: "Os produtos não são mais objetos de necessidade – eles se tornaram uma extensão daquilo que acreditamos. As pesquisas mostram que 89% dos consumidores estão muito dispostos a trocar uma marca por outra se a segunda marca está associada a uma boa causa. Isso é ainda mais verdadeiro para a próxima geração." Como Jeremy Moon, Renata pode contar melhor sua extraordinária história.

VOCÊ PODE PASSAR anos trabalhando para alcançar um determinado momento, mas há também aqueles momentos que você não buscou e que subitamente parecem que vão comandar o resto da sua vida. Foi isso o que aconteceu comigo aos 15 anos. Nada era mais confuso para mim do que ser adolescente. Depois que meus pais morreram em um acidente de avião, quando eu era bem pequena, fui adotada por uma tia e um tio nos Estados Unidos, onde passei minha infância inteira. Eu nunca soube muito bem quem eu realmente era, então decidi me mudar para o meu país de origem, a Colômbia, para descobrir minhas origens. Lá, pude vivenciar a cultura, as pessoas e sua paixão pela vida. Aos 15 anos temos um anseio por fazer parte de alguma coisa. Ao mesmo tempo eu tive um encontro abrupto e transformador com a pobreza. Um dia, tomei o ônibus para o lado errado da montanha. Eu testemunhara a pobreza nos Estados Unidos, mas o que vi naquele dia na Colômbia acrescentou uma nova dimensão à experiência.

Essa viagem errada de ônibus foi meu momento instantâneo de percepção: eu poderia ter acabado como uma daquelas crianças vivendo em caixas de papelão. Milhares deles não tiveram a sorte de ter a oportunidade que apareceu diante de mim. Foi então que meu objetivo foi definido para sempre. Algumas das minhas amigas brincaram que eu estava doente por ficar tão obcecada com um objetivo. Eu via de maneira diferente: sou feliz por saber exatamente por que estou neste planeta. Sinto uma responsabilidade maior que vai além do objetivo de uma pessoa. Eu devia isso aos meus pais falecidos para fazer valer a vida deles. Eu devia isso aos meus pais adotivos pelo sacrifício deles em me criar e, acima de tudo, devia isso às pessoas da Colômbia, cuja existência eu poderia melhorar. Segundo a visão do resto do mundo, morar nos Estados Unidos é como chegar ao topo da montanha. Eu também vejo como obrigação usar o tipo de oportunidade que os americanos aceitam como natural e estendê-la a partes do mundo onde há muito potencial não realizado.

Antes que eu pudesse transformar meus ideais em realidade, tive que encarar como a pobreza era grande. O que uma pessoa poderia fazer? Por outro lado, por que alguém iria se importar com a Colômbia? Eu queria ter um impacto duradouro e significativo, então fiz o que qualquer garota normal faria para obter respostas. Primeiro fui para a faculdade. Quando me formei na Universidade da Carolina do Norte em Chapel Hill, tinha as habilidades certas para ser bem-sucedida materialmente, mas aquilo não era o suficiente. Eu não poderia me sentir bem-sucedida sem dar significado à minha vida. Na fase seguinte viajei pelo mundo fazendo trabalho voluntário em diferentes países. Em Hong Kong eu trabalhei com

A alma da liderança

crianças deficientes em fase terminal, na Nova Zelândia com deficientes mentais mais velhos, e na Índia com vítimas do tsunami de 2004 que precisavam reconstruir suas vilas.

Durante esse último projeto, uma mulher desesperada veio a mim e me disse em hindi: "Eu sei que você tem dinheiro, mas não quero dinheiro. Por que você não me ensina a ganhar dinheiro por mim mesma?" Um segundo momento determinante aconteceu comigo e me direcionou para o meu caminho a ser desenvolvido. Naquele momento eu não sabia como ensiná-la a ganhar dinheiro, mas me programei para encontrar uma maneira.

Eu já observara os efeitos maléficos da ajuda enviada de fora para dentro, que servia para deixar as pessoas pobres mais dependentes, enquanto pouco era feito para que fossem autossuficientes. (Nos últimos trinta anos, os países mais dependentes de ajuda mostraram uma média de crescimento anual de menos 0,2%.) A velha forma de romper esse ciclo era oferecer oportunidades reais. Por exemplo, o microcrédito envolve dar um pequeno empréstimo como capital para começar ou fazer crescer um negócio pessoal. É uma estratégia de saída da pobreza na qual as pessoas que recebem o dinheiro fazem esforço para serem bem-sucedidas. Fornecer esse tipo de incentivo tem o efeito oposto de simplesmente dar ajuda.

Como meu propósito de vida se revelou, dediquei-me a construir uma iniciativa social que provê degraus de oportunidades aos pobres em uma escala global. Meu negócio agora é proporcionar essas escadas, via microcréditos, para mulheres que não foram privilegiadas. Sinto que os empreendimentos sociais são o futuro das instituições sem fins lucrativos. A iniciativa social é diferente de caridade porque funciona como um negócio e não é dependente da generosidade imprevisível. Alinhando causas com produtos, levamos os consumidores a uma compra que gera uma boa sensação. Ao mesmo tempo, permitimos que as empresas sem fins lucrativos tenham um fluxo constante de receita.

Hoje a Lingerie Miami, Nova York, Los Angeles, e 15 outras cidades, servem como plataforma de alta visibilidade para a marca da Fundação Seven Bar. A Lingerie Miami foi o lançamento oficial da marca Fundação Seven Bar em 2009, gerando 170 milhões de impressões na mídia, 120 artigos pelo mundo e uma estimativa de 1,7 milhão de dólares em valor de publicidade. Em outras palavras, com um evento atingimos uma massa crítica em consciência.

A Lingerie Nova York lançará a primeira linha de alta-costura criada por Atsuko Kudo, cujos modelos são usados por celebridades como Eva Mendes, Beyoncé e Lady Gaga. Para dar aos compradores a oportunidade de adquirir produtos direto da passarela, a fundação está formando uma parceria com o que há de mais novo em tecnologia, a Overlay TV. O vídeo do desfile será passado nos websites mais visitados sobre moda e mídia, onde os consumidores poderão clicar, congelar a imagem e comprar produtos de qualquer peça do desfile.

Como parte do nosso modelo de negócio de impacto social, temos o potencial para enviar nossos desfiles para o mundo todo, passando para as próximas gerações nossa mensagem de desenvolvimento sustentável. O sucesso dos primeiros desfiles posicionou a Seven Bar como a primeira iniciativa de marketing com uma causa. Fizemos uma parceria com uma linha de cosméticos, a Fusion Brands, em uma campanha chamada "Dê um Beijo de Adeus à Pobreza". Um dólar de cada venda da linha de gloss labial ia direto para a fundação. Nos primeiros três meses da campanha mais de 100 mil glosses labiais foram vendidos, trazendo 100 mil dólares para a nossa causa. O aumento de vendas da Fusion Brands levou a campanha a se expandir globalmente, exibindo a imagem e o logo da fundação na embalagem e na propaganda do gloss labial.

Os desfiles inspiram as pessoas a unir dois conceitos totalmente opostos como o microcrédito e a lingerie, tornando-os uma força transformadora. Todos os produtos e eventos da marca "Lingerie" trazem o símbolo da escada, representando uma mão para cima em vez de uma mão estendida. Meu objetivo é usar o apelo da lingerie de luxo para propiciar alternativas para as mulheres carentes do mundo todo, por um período que vá muito além da minha existência. Acredito que as empresas que escolham tocar seus negócios de maneira a ter "lucro com um propósito" deixarão mais que apenas produtos e serviços. Elas deixarão um legado.

RENATA M. BLACK E L-E-A-D-E-R-S

Lembre-se de observar e ouvir: Para mim, observar e ouvir é um aspecto da receptividade. Uma das características que me fez ser a pessoa que sou hoje é a capacidade de perceber os diferentes humores das pessoas. A receptividade ao humor lhe permite rapidamente endereçar ou redirecionar a energia de acordo com o estado da pessoa. Isso vem, eu acho, de uma herança cultural, que envolve demonstrar tato enquanto confiamos na intuição e na percepção dos outros. Observar de maneira receptiva também revelou um nicho de mercado inexplorado no mercado da moda. Eu me sintonizava com as tendências de uma população. Achava também que a forma de mostrar o microcrédito precisava ter mais apelo. Visualmente, as criações da nossa marca são sedutoras e sensuais, então o cliente vê algo que estimula a compra e que deixa uma impressão agradável ao apoiar uma boa causa.

Estreitando vínculos emocionais: Descobrir uma conexão emocional é algo que me move todos os dias e, uma vez que consigo algo assim, quero mantê-la. As emoções são como flores que precisam de carinho constante para crescer e florescer. Entretanto, o modo como as emoções são direcionadas – de maneira positiva ou negativa – é o que faz o mundo girar, os mercados girarem, as pessoas reagirem e as necessidades serem preenchidas. Meus sentimentos me levaram onde estou hoje. Comecei com um vínculo repentino com pessoas pobres na Colômbia. Esse vínculo levou-me à crença de que poderia fazer alguma diferença, e essa crença levou às oportunidades.

Cada vez mais percebo que investimos em pessoas e não em ideias. Cada transação é pautada em sentimentos como confiança, esperança, exuberância, compaixão e generosidade. Minha fundação está, na verdade, no mercado de emoções e comercializa esse valor. É a empatia dos nossos clientes por mulheres carentes que incentiva a compra – junto com um sentimento bem diferente, o sentimento sensual da lingerie de luxo. É a fusão desses sentimentos aparentemente opostos, um egoísta e outro abnegado, que cria a nossa marca.

Estamos construindo a lealdade dos clientes através de outro vínculo emocional que estimula uma sensação de poder nele, o poder que vem de saber que sua compra apoia nossos valores e o desejo de fazer a diferença no mundo. *Fazer o bem no ponto de venda*: acredito que esse seja o futuro do comércio e levará a mudanças significativas no planeta.

As emoções mais profundas, no entanto, vão muito além. Nos países em desenvolvimento, as pessoas que vivem na pobreza não têm dinheiro, mas possuem um sistema de valores muito sólido. Elas acreditam muito em Deus. No campo, os empréstimos feitos às mulheres criaram um vínculo de lealdade. Essa integridade gerou 98% do índice de liquidação da dívida globalmente. Nos nossos escritórios, dos estagiários aos gerentes, a dedicação e paixão compartilhadas são o nosso vínculo. A Seven Bar é uma coreografia diária de emoções em apoio a uma visão norteadora.

Ampliando a consciência: A chave para meu papel de liderança é estar consciente de mim mesma e de onde venho. É claro que as circunstâncias ao longo do caminho me modificaram e me ajudaram na revelação do meu destino. Nada disso teria acontecido, entretanto, se eu não estivesse intensamente consciente de que poderia facilmente estar entre os 60% da população do mundo que sobrevivem com menos de dois dólares por dia.

A alma da liderança

Outro aspecto importante da minha tomada de consciência foi o objetivo. O caminho para o sucesso é manchado por frustrações e contrariedades, e você tem de fazer sacrifícios o tempo todo em favor da sua missão. Tenho tido sorte de ter um senso de propósito desde muito jovem, muito antes de fundar a Seven Bar. Meu objetivo tinha três partes: viver a vida com a máxima plenitude, ser o melhor que eu puder ser e fazer o mundo um lugar melhor por eu ter vivido nele. Essas três coisas definem minha tomada de consciência e me impulsionam todos os dias.

Eu também preciso estar consciente da situação ao meu redor e como ela está mudando. Um ponto de transformação foi quando notei que as pessoas estavam preparadas para assumir maior poder de compra, não em termos de dinheiro, mas com relação a fazer a diferença. Então, o desejo das pessoas por algo mais significativo era compatível com a minha tomada de consciência, que sempre teve como base um sentido maior. Os dois uniram-se naturalmente, o que é um elemento crucial a todas as histórias de sucesso.

Determinando-se a fazer: Olho para trás e vejo que sou uma executora quintessencial. Meus anseios ardentes impulsionam minha ação. É meu DNA tomando a iniciativa, buscando caminhos não descobertos e soluções inovadoras. Vivo de acordo com o princípio de que você é o arquiteto da sua vida. A quantidade de tempo e dedicação que são necessários para chegar ao meu objetivo nunca foram um obstáculo. Entretanto, eu também percebo que cada caminho me direcionou a outros caminhos; algumas vezes, meu caminho tem sido uma estrada sinuosa.

O caminho pelo qual você anda é o mesmo que você pavimentou. Fazer exige liderar pelo exemplo. Se eu vou fomentar negócios em prol das mulheres carentes para que se tornem sustentáveis, meus negócios têm de ser sustentáveis também. Enfim, aprendi a trabalhar com mais inteligência, e não da maneira mais árdua. Isso implica um nível de consciência que deve existir antes de a ação ser tomada. O quanto possível, quero que minhas ações estejam perfeitamente ligadas a outros objetivos. Com essa estratégia, meu dia é incrivelmente ativo, mas coerente e calmo ao mesmo tempo.

Empowerment *ou fortalecimento do poder*: Como você já deve saber, meu objetivo é, acima de tudo, proporcionar maior poder. Posso voltar no tempo e me lembrar de uma época em que era muito nova, quando as regras impostas pelos professores e pais pareciam impossíveis de serem desafiadas. Como consequência, eu me senti reprimida a maior parte da minha juventude e senti alívio ao me rebelar. Nunca pensei em mudar as regras simplesmente porque isso não era uma opção – o sistema social era gravado em pedra.

Lembro-me de quando vi pela primeira vez uma luz no fim do túnel. Eu estava fazendo trabalho voluntário na Índia quando abordei o presidente da organização com a ideia sobre microfinanciamento para mulheres. Fiz uma apresentação detalhada que durou quase três horas, depois da qual ele me deu um tapinha no ombro e disse: "Vá em frente." Aquele foi meu primeiro momento de sensação de poder. Fui encorajada a fazer algo acontecer. Estava tão chocada que explodi de paixão e dedicação como uma panela de pressão! Uma pessoa jamais se esquece da sensação de possuir seu próprio poder, um sentimento transformador que quero dar às mulheres de todos os lugares. Naquele dia eu percebi que poderia ser uma força transformadora sem limites.

Responsabilidade: Gosto muito da noção de que a responsabilidade é a capacidade de responder. Algumas pessoas já nascem com essa capacidade; outras são empurradas por ela. Eu respondi aos acontecimentos da minha vida criando um modelo de mudança sustentável. Acredito muito na resposta para algum acontecimento de uma forma significativa. Portanto, desde muito jovem tinha comigo uma sensação de que era profundamente responsável pelas pessoas da Colômbia, meus pais falecidos e minha família adotiva.

A alma da liderança

Todos nascem dentro do que eu chamo de suas responsabilidades originais. Então, se você aceita um papel de liderança, ganha um novo grau de responsabilidade, dessa vez com relação aos seus funcionários e à confiança sendo colocada em você financeiramente. Quanto mais responsável eu for, mais fenomenais são as pessoas à minha volta. Sinto-me responsável todos os dias por liderá-las no caminho do crescimento. Entretanto, há sempre a responsabilidade para comigo mesma que tenho de fazer valer. Se eu fosse um veleiro, o vínculo emocional seria o meu barco, o *empowerment* seria a minha vela, e a responsabilidade seria o meu leme.

Sincronicidade: Eu tenho sucesso diante das possibilidades desconhecidas. Vivo de acordo com o lema de Buckminster Fuller: "Se você quer mudar alguma coisa, crie um novo modelo que faça o modelo atual tornar-se obsoleto." Aquele que é pioneiro vivencia uma montanha-russa de emoções. Durante anos você acorda obcecado por uma ideia que muitos não entendem. Você olha adiante e diz a si mesmo: "Esse não é o caminho mais curto para chegar lá. A curva no caminho existe por alguma razão?" Enquanto você dança tango com o destino para chegar ao seu objetivo, uma sequência de momentos quase mágicos acontecem. E então você suspira: "Tudo bem, esse é definitivamente o caminho certo."

Ter cada vez mais consciência ajusta a sintonizar seus esforços até você atingir uma consciência maior, que definirá seu sucesso definitivo. Minha grande lição tem sido: "Você pode fazer qualquer coisa, mas não tudo." Sei que sou ótima em certas partes do meu negócio, mas deixo a desejar em outras. Meus pontos fracos estavam me impedindo de alcançar meu potencial máximo.

No exato momento em que me dava conta disso, me deparei com uma mulher fortalecida pelo poder que se tornou minha futura sócia. Kim Hoedeman e eu nos completamos de forma precisa. Ambas nos encontrávamos em momentos de encruzilhada na vida. Queríamos nos reconceituar e, ao nos apoiarmos mutuamente, tivemos nosso destino mútuo evidenciado. Apesar da nossa correria durante 15 horas por dia, ainda paramos e olhamos para essa encruzilhada onde nos encontramos como sendo o momento mais poderoso de sincronicidade na vida de cada uma de nós. Juntas somos uma força imbatível.

Renata M. Black tornou-se essa força impossível de ser detida que ela descreve. Embora ela fale sobre ter vontade e dedicação em seu DNA, também declara que trilhou um caminho. Cada passo do caminho envolveu uma tomada de consciência mais profunda. Ela descobriu sua paixão na vida enquanto descobria quem era. As duas coisas se fundiram, que é o propósito de liderar com a alma. Como ela diz, a consciência ajusta a sintonia do seu caminho até você atingir seu objetivo definitivo.

O momento crítico foi quando recebi permissão do meu superior na Índia para "ir em frente". Esse momento estabeleceu o precedente para a minha vida hoje. Havia possibilidades dentro de mim que eu não teria adivinhado nem em um milhão de anos. O começo foi apenas um breve clarão de luz através das rachaduras do sistema, mas o efeito tem sido grandioso, e eu tenho a intenção de passá-lo adiante pelo resto da minha vida.

PARTE TRÊS
OS DEZ PRINCÍPIOS DA LIDERANÇA

10
UM MODELO PARA A CONSCIÊNCIA

Eu fiz o meu melhor nestas páginas para que este livro fosse rico em significado. Como resultado, o que é um volume relativamente fino, ainda assim é cheio de ideias, exercícios e sugestões. São muitas as coisas a serem absorvidas. A mensagem básica, porém, é simples. Todos nós temos um lugar silencioso dentro de nós que é a fonte que dá significado às nossas vidas. Isso é chamado de alma, e é esse o lugar ao qual os grandes líderes recorrem para ter inspiração e respostas para as questões importantes.

Mas como você vai saber se está captando a perspectiva única da alma? Nós observamos diversas maneiras para saber se você está sendo verdadeiro ao chamado mais elevado do espírito, portanto, permita que eu finalize este livro reunindo dez princípios básicos que funcionam como um modelo para a consciência, que é o manancial do universo. Ao reconhecer esses princípios em ação, você saberá que está verdadeiramente no caminho da alma.

1. Líderes e seguidores cocriam um ao outro. Os seguidores expressam um desejo, e o líder fornece a resposta. Ambos surgem ao mesmo tempo. Quando isso não acontece, há um vácuo na liderança; nessas ocasiões, as necessidades tornam-se mais intensas e ao fim desesperadas, pavimentando o caminho para a exploração e o regime ditatorial.

2. Assim como os indivíduos crescem de dentro para fora, os grupos também. As necessidades dos grupos devem ser sa-

tisfeitas no ponto em que estão. Algumas vezes um grupo precisa de um progenitor ou protetor, outras vezes de um motivador, curador ou guia espiritual. As necessidades são o combustível das mudanças. O líder opera no nível da alma para causar uma mudança interior, o que então é expresso na superfície como sucesso.

3. O resultado de qualquer situação é definido com antecedência pela visão que contribui para a solução. Portanto, as qualidades interiores determinam o resultado.

4. As respostas compartilhadas pelos líderes e seguidores são construídas dentro de nós, nos guiando a evoluir e a progredir. A alma tem consciência de como desenvolver nossa evolução para produzir resultados melhores e mais elevados em qualquer situação.

5. As necessidades têm como função a evolução, e os líderes devem estar conscientes disso para prever o futuro do grupo e antecipar suas necessidades. Em ordem crescente, as necessidades do grupo são por segurança e proteção, realização, cooperação, compreensão, criatividade, valores morais e realização espiritual. Essas são necessidades interiores e exteriores que evoluíram com o passar do tempo na vida de toda sociedade.

6. Para cada necessidade o líder deve representar o papel adequado. A necessidade de segurança pede um protetor; a necessidade de realização pede um motivador; a cooperação pede um formador de equipe; a compreensão pede um orientador; a criatividade pede um inovador; a necessidade de valores morais pede um transformador; a realização espiritual pede um sábio ou visionário. Essa associação é orgânica – a alma sabe como preencher qualquer necessidade com o menor esforço e sem conflitos. O líder que acessa esse co-

nhecimento ganha um poder tremendo para o bem, muito além daquele que se concentra somente nos objetivos exteriores e recompensas.

7. O líder que compreende a hierarquia das necessidades e respostas será bem-sucedido; o líder que tiver como alvo somente os objetivos externos (dinheiro, vitória, poder) fracassará na área mais importante: guiar a evolução dos seus seguidores.

8. Ao ascender na hierarquia das necessidades, qualquer grupo pode sentir-se inspirado e unido. Os grandes líderes estão em contato com todos os níveis da experiência humana. Eles compreendem que seus seguidores anseiam por liberdade, amor e riqueza espiritual; portanto, não temem se oferecer a objetivos maiores que estão além das recompensas materiais. Mas ao mesmo tempo não lideram do topo da montanha. O desafio mais próximo pode parecer tão pequeno quanto uma discussão orientada em que as pessoas sentem-se seguras para expressar seus sentimentos mais íntimos ou tão profundo quanto liderar uma sociedade para longe da opressão. A alma conhece cada nível da vida; um grande líder aspira saber o mesmo.

9. Liderar com a alma significa doar de si mesmo. Significa que você oferece confiança, estabilidade, compaixão e esperança. Você investe tempo nos relacionamentos com aqueles que o procuram por respostas. Sem medo de criar vínculos emocionais, você não se esconde de nenhuma necessidade assim que ela se manifesta. Pelo contrário, os líderes que são levados para fora do caminho pelo desejo de se protegerem emocionalmente, que limitam suas respostas ou que se agarram aos seus egos, acabam fracassando. Eles podem ter sucesso em termos materiais, e se tiverem será desprovido de valor interior.

10. A alma traz ordem a partir da desordem. Traz saltos criativos, respostas inesperadas e sincronicidade que são como presentes que chegam do coração do mistério. Não importa o quanto uma situação possa parecer confusa, a liderança é possível quando você está confortável com a incerteza. Uma vez que enxerguem a ordem espiritual oculta que está por trás do que pode parecer um caos, os líderes inspirados prosperam com a incerteza. Você deve aprender como lidar com o fato de que as situações são confusas, caso contrário o grupo que você lidera ficará incapacitado pela desordem. Há sempre um amontoado de necessidades e respostas que devem ser colocados em ordem. Medo e sobrevivência, competição e criatividade, crenças e personalidades fazem suas exigências. Cada um tem uma voz, quer nós a escutemos ou não, mas por baixo dessa superfície confusa há apenas uma única voz, o sussurro silencioso do espírito, que tudo compreende.

Pense nesses dez princípios como um modelo para a consciência. Em condições ideais você poderá aplicá-los a tudo o que faz. Todos os modelos de liderança dão basicamente o mesmo conselho quando o assunto é gerenciar tarefas e motivar outras pessoas. Mas deixam de fora o mais importante: a base no Ser. Ser é a base de tudo. É a pura consciência, o útero da criatividade, o gerador da evolução. Quando chega o fim da história, a liderança é a escolha crucial que alguém pode fazer – a decisão de ser. Somente aquele que se volta à sabedoria do domínio silencioso da alma pode prosperar em meio ao caos. Essa pessoa será lembrada como um grande líder. Entretanto, ser é um direito de nascença de todos nós; a consciência é construída nos nossos cérebros assim como nosso espírito. Há sempre uma nova fase de evolução, e a evolução é guiada pela necessidade.

As tradições da sabedoria do mundo definem verdade como uma única faísca que põe fogo na floresta inteira. Se um líder está disposto a ser essa faísca, os outros verão a verdade nele. Estando

A alma da liderança

ansiosos por orientação e pela satisfação das suas necessidades, eles valorizarão o que o líder oferece, que é o primeiro passo na direção da valorização de si mesmos. Como líder, você poderá ter a oportunidade de dizer aos seus seguidores por que quis elevá-los a um nível maior, mas no fundo do seu coração você saberá que fez por si mesmo. Trilhar seu próprio caminho é o suficiente.

AGRADECIMENTOS

Este livro foi inspirado em um curso que ministro na Faculdade de Administração de Empresas de Kellogg, na Universidade de Northwestern. Gostaria de agradecer ao antigo reitor, Dipak Jain, por me encorajar a iniciar o curso e pelo apoio constante nos últimos oito anos. À minha colega, Michelle Buck, minha consideração e estima por seu conhecimento e inspiração — ela despertou muitos CEOs e altos executivos para suas jornadas pessoais.

Dois visionários corporativos convidaram a alma da liderança para adentrar suas operações diárias: Al Carey, da Frito-Lay, e George Zimmer e a diretoria da Men's Wearhouse. É muito empolgante vê-los à frente das mudanças, e o mesmo acontece com Jeremy Moon e Renata M. Black, que generosamente forneceram suas histórias pessoais. Obrigado a todos.

Com grande orgulho associei-me como cientista sênior à Organização Gallup, que tem coletado mais dados sobre liderança nos locais de trabalho do que qualquer outra fonte no mundo. Obrigado ao executivo principal da Gallup, Jim Clifton, por me dar esse privilégio. Sou também muito grato à Danielle Posa, meu contato na Gallup, que generosamente me fornece qualquer informação que eu precise.

A Gallup é a fonte de dois livros pioneiros que me guiaram através de muitas questões: *Strengths-Based Leadership*, de Tom Rath e Barry Conchie, e *Well-Being: The Five Essential Elements*, de Tom Rath e Jim Harter. Esses dois livros não poderiam ser mais recomendados para qualquer um que procure uma abordagem positiva sobre liderança baseada em resultados, compilados a partir de milhares de entrevistas.

Meu amigo de longa data e sábio editor, Peter Guzzardi, merece meus agradecimentos por sua paciência em fazer este livro tornar-se realidade. Ele consegue como ninguém facilitar o ato de reescrever. Na editora tenho tido a lealdade e o apoio de pessoas sensacionais, incluindo Shaye Areheart, Jenny Frost, Tina Constable e Julia Pastore. Nosso relacionamento caloroso tem sido o esteio da minha carreira de escritor. Incluo nesse grupo agora Maya Mavjee, que me deu as boas-vindas a uma nova fase da nossa parceria.

O Chopra Center conta com o apoio fiel de um grupo que qualquer pessoa gostaria de ter: Carolyn e Felicia Rangel, e Tori Bruce. Meus sinceros agradecimentos.

E como sempre, o amor eterno da minha vida, Rita, e nossos filhos, Mallika, Gotham, Sumant e Candice, e aos meus lindos bebês, Tara, Leela e Krishan: lar, para mim, é onde vocês estiverem.

Impressão e Acabamento:
EDITORA JPA LTDA.